Wörterflohmarkt

Lernspiele für Deutsch

Klasse 5–10

Klaus Hoock

Cornelsen

Der Autor
Klaus Hoock ist Fachleiter für Deutsch am Staatlichen Studienseminar für das Lehramt an Gymnasien in Landau (Pfalz). Er studierte die Fächer Deutsch, Deutsch als Fremdsprache, Katholische Theologie, Geschichte und Spanisch an der Johannes-Gutenberg-Universität Mainz.

Projektleitung: Dorothee Weylandt, Irena Reinhardt, Berlin
Redaktion: Doreen Wilke, Berlin
Umschlagkonzeption/-gestaltung: Ungermeyer, Berlin
Illustrationen: Antje Kahl, Berlin
Layout/technische Umsetzung: LemmeDESIGN, Berlin

www.cornelsen.de

1. Auflage 2017

Druck: H. Heenemann, Berlin

ISBN 978-3-589-15541-5

Inhalt

Spielenummer	Klasse	Spiel	Grammatik	Rechtschreibung	Sprachreflexion	Erzählen + Darstellen	Schreibformen	Lesefertigkeit	Textsorten + Medien
SPRACHE UND SPRACHGEBRAUCH UNTERSUCHEN									
1	5–6	Wortschlangen bändigen		×				×	
2	5–6	Gitterrätsel		×				×	
3	5–7	Wörterharfe	×	×			×		
4	5–8	Verbmarathon	×						
5	8–10	Über einen Kamm scheren			×	×			×
6	8–10	Zeit macht Heu			×	×			
7	9–10	Wörterflohmarkt		×	×	×			
SPRECHEN UND ZUHÖREN									
8	5–7	Brückenwörter			×	×			
9	7–10	Zungenbrecher-Memory			×	×		×	
10	7–10	Mein Leben als ...				×			
11	7–10	Unerwartete Dialoge				×			
12	5–10	Dalli Dalli			×	×			
13	9–10	Radiomoderation			×	×			×
14	9–10	Oscar-Preisrede			×	×	×		×
SCHREIBEN									
15	5–7	Motto-Abc		×	×				
16	5–8	Akrostichon		×	×		×		
17	5–8	Buchstabensätze		×	×		×		
18	6–8	Tautogramm-Rolle		×	×		×		
19	5–10	A3-B17-C4-D8	×	×		×	×		
20	7–10	Abkürzungsneuheiten		×	×	×	×		
21	8–10	Kontaktanzeige			×	×	×		×

Spielenummer	Klasse	Spiel	Grammatik	Rechtschreibung	Sprachreflexion	Erzählen + Darstellen	Schreibformen	Lesefertigkeit	Textsorten + Medien
LESEN – MIT TEXTEN UND MEDIEN UMGEHEN									
22	5–7	Schriftarten decodieren		×				×	
23	5–8	Blicksprung trainieren						×	×
24	5–8	Blickspanne weiten					×	×	
25	7–8	Texte entflechten			×	×			×
26	7–10	Stadt Land ... Film Roman							×
27	7–10	Texte unter der Lupe			×				×
28	8–10	Der große Medienpreis			×				×
METHODEN UND ARBEITSTECHNIKEN									
29	5–7	Buchstabenklotz spalten		×				×	
30	5–7	Vorsilben-Staffel	×	×					
31	5–7	Wort-OP im Eck	×		×				
32	5–7	Deklinations-Spirale	×						
33	6–8	Wörtersorti(er)ment		×	×			×	×
34	6–8	Rasantes Nachschlagen		×	×		×	×	×
35	9–10	Stilmittelsalat			×	×	×		

Die Angaben zu den Klassenstufen stellen Richtwerte dar, die so nicht zwingend auf Ihre Lerngruppen zutreffen müssen. Entscheiden Sie selbst, welche Spiele Sie sinnvoll einsetzen können. Manchmal lässt auch die Veränderung des Schwierigkeitsgrades der einzelnen Spiele (z. B. durch Auswahl anderer sprachlicher Phänomene) eine Verwendung in anderen Jahrgangsstufen zu.

Vorwort

Spielen stellt keinen Gegensatz zum Unterricht dar! Durch den kommunikativen Charakter der Spiele finden unterschiedliche Inhalte des Unterrichts eine annähernd natürliche Anwendung, manchmal verbunden mit motorischem Handeln, was das Behalten nachhaltig unterstützt. So wiederholen und vertiefen an passenden Stellen eingesetzte Lernspiele nicht nur das Gelernte, sondern bereiten Schülern vor allem auch Freude am Lernen, was wiederum als wichtige Begleiterscheinung Ihres Unterrichts nicht hoch genug geschätzt werden kann.

Das vorliegende Arbeitsheft bietet eine Vielfalt an Spielen an, die den Kompetenzbereichen der bundesweit gültigen Bildungsstandards des Deutschunterrichts zugeordnet sind (Kultusministerkonferenz 2004):

- Sprache und Sprachgebrauch untersuchen
- Sprechen und Zuhören
- Schreiben
- Lesen – mit Texten und Medien umgehen
- Methoden und Arbeitstechniken

Das Arbeitsheft deckt unterschiedliche Spieltypen ab, um den individuellen Bedürfnissen der Schüler gerecht zu werden. So finden Sie Spiele,

- die vorwiegend zum **Suchen, Erraten und Erschließen** einladen (1, 2, 6, 7, 10, 22, 25, 26, 27, 28, 33, 34),
- die **Bewegung** ermöglichen (3, 8, 14, 30, 31),
- die zur **Gestaltung** animieren, besonders in **sprachgestaltender** Hinsicht (3, 5, 8, 10, 15, 16, 17, 18, 19, 20, 34, 35),
- die den Fokus auf **Regelanwendung** richten (2, 4, 29, 30, 31, 32, 35),
- die **Konzentration** verlangen (9, 12, 22, 23, 24, 26),
- die den **Sprachwitz** der Schüler fordern und fördern (9, 10, 11, 13, 14, 21, 34),
- die **Reaktion bzw. Kommunikation** (10, 11, 12, 13, 21, 26, 33, 34) in den Mittelpunkt rücken,
- die den Reiz des **Glücksspiel**-Anteils (4, 9, 32) haben.

Die meisten Spiele decken mehrere Spielarten gleichzeitig ab.

Zudem wurde Wert darauf gelegt, Ihnen mit vielfältigen Kopiervorlagen die Vorbereitung zu erleichtern. Nutzen Sie diese an verschiedenen Stellen des Unterrichts, sowohl innerhalb bestimmter Unterrichtsstunden als auch an passenden Stellen innerhalb der Unterrichtseinheit. Auf Möglichkeiten der Einbindung und Weiterarbeit wird jeweils verwiesen.

Viel Freude beim Bummeln über den Wörterflohmarkt, beim Zubereiten des Stilmittelsalats und beim Spalten des Buchstabenklotzes!

Klaus Hoock

Aus Gründen der besseren Lesbarkeit verwende ich nur die männliche Form der Ansprache. Natürlich sind weibliche Adressaten immer mit angesprochen. Ich bitte um Ihr Verständnis.

Spiel 1–7

Kompetenzbereich „Sprache und Sprachgebrauch untersuchen“

Die Spiele in diesem Kompetenzbereich repräsentieren bereits die weite Spanne des Faches Deutsch: Auf der einen Seite sind **basale Fertigkeiten** Gegenstand des Unterrichts: **Rechtschreibung** („Wortschlangen bändigen“, „Gitterrätsel“, „Wörterharfe“) und **Grammatik** („Verbmarathon“). Auf der anderen Seite geht es um eine nachhaltige **Ausbildung von Sprachsensibilität,** die den Kern des Deutschunterrichts ausmacht. Im ersten Kapitel wird das umgesetzt durch die Beschäftigung mit festen Wendungen und Sprichwörtern („Über einen Kamm scheren“, „Zeit macht Heu“) und mit weniger gebräuchlichen bzw. aussterbenden Begriffen („Wörterflohmarkt“), deren Kenntnis eine **Voraussetzung für gelingendes Textverständnis** darstellen.

Eine ständige Konfrontation mit bildhafter Sprache und mit Begriffen aus „Randzonen“ des Deutschen sind wichtige unterrichtliche Bausteine für ein sich immer weiter ausbauendes Sprachverständnis der Schüler. Gleichzeitig können Sie gerade in diesem Kompetenzbereich die Lernenden verstärkt bei der Erstellung von Spiel-Aufgaben einbinden.

Wortschlangen bändigen

Klassenstufe	5–6
Kompetenzen	Wörter in Buchstabenfolgen erkennen und isolieren
Zeitbedarf	15 min
Material	Arbeitsblatt für je 2 Schüler, Stoppuhr
Einbindung in den Unterricht	Rechtschreibung: Wortgrenzen

Ziel des Spiels ist die Rekonstruktion vertrauter oder noch weniger bekannter Wörter aus einer zunächst unübersichtlichen Buchstabenfolge. Dabei geht es zwar um Schnelligkeit, gleichzeitig aber auch um Sorgfalt.

MATERIALBESCHREIBUNG

Die Idee der „Buchstabenschlange" besteht darin, dass sich Buchstaben aneinanderreihen, die – wie ein Schlangenkörper – zunächst ein ungegliedertes langes Wort ergeben, das linear aufgelöst werden muss. Die „geschlängelte" Anordnung verstärkt den Effekt und erhöht den Reiz des Entschlüsselns, weil die Vorlage dabei gedreht werden muss.
Gestaltung der Buchstabenschlangen (siehe Kopiervorlage):

- Folge von Großbuchstaben (Einzelwörter oder zusammenhängender Satz)
- Folge von Kleinbuchstaben (Einzelwörter oder zusammenhängender Satz)

Die aneinandergereihten Großbuchstaben werden von den Schülern etwas schneller bzw. leichter gegliedert als die Kleinbuchstaben. Ebenso verhält es sich mit dem zusammenhängenden Satz gegenüber Einzelwörtern.

- Die Buchstabenfolge ist unterschiedlich stark geschlängelt bzw. „gerollt". Auch hier nimmt die Schwierigkeit zu, je stärker das Blatt gedreht werden muss.

VORBEREITUNG

Die Arbeitsblätter mit Buchstabenschlangen werden kopiert. Für zwei Schüler wird ein Blatt benötigt.

ABLAUF

Die Schüler setzen sich zu viert zusammen und bilden zwei Teams zu je zwei Personen.

1. Jedes Team entziffert die identischen Buchstabenschlangen und schreibt dabei die Wörter in getrennter Form auf, je nach Gestaltung der Vorlage direkt darunter oder auf ein separates Blatt Papier. Das geschieht innerhalb des jeweiligen Teams in ständigem Wechsel der beiden Partner (Wechsel nach jedem Satz). Die Zeit wird gestoppt.
2. Es gewinnt das Team, das am Ende zuerst fertig geworden ist und dabei möglichst keine bzw. wenige Fehler gemacht hat. Für eine falsche Worttrennung sowie für andere Fehler gibt es fünf „Strafsekunden". Die Entscheidung darüber sollte ausgehandelt werden, d. h., die Teams kontrollieren gegenseitig ihre Produkte.

VARIANTEN

- Es kann ein externer Schüler als Zeitstopper und Kontrolleur eingesetzt werden, um etwaige Streitigkeiten zu vermeiden.
- Die Schüler erstellen eigene Wortschlangen.

KOPIERVORLAGE

Name: ______________________ Datum: ____________

Autor: Klaus Hoock – „Wörterflohmarkt" Lernspiele für Deutsch: Klasse 5–10 – Illustration: Antje Kahl

Gitterrätsel

Klassenstufe	5–6
Kompetenzen	Wörter erkennen und korrekt schreiben
Zeitbedarf	15 min
Material	Arbeitsblatt
Einbindung in den Unterricht	Rechtschreibung: Wörter mit doppelten Vokalen und doppelten Konsonanten

Ziel des Spiels ist das Auffinden von versteckten Wörtern mit dem Fokus auf doppelten Vokalen und doppelten Konsonanten sowie die Konstruktion eines eigenen Gitterrätsels.

MATERIALBESCHREIBUNG

Die Gitterrätsel enthalten neben den gesuchten Wörtern keine weiteren, sinntragenden Begriffe. Das Auffinden durch die Schüler konzentriert sich also zunächst auf die grafische Auffälligkeit „doppelter Buchstabe". Anschließend wird geprüft, ob ein gültiges Wort dahintersteckt bzw. wo dieses beginnt und endet.

VORBEREITUNG

Die Gitterrätsel werden für alle Schüler kopiert, ebenfalls auch Leerformulare zur eigenen Gestaltung.

ABLAUF

1. Jeder Schüler sucht für sich die versteckten Wörter entsprechend der Aufgabenstellung.
2. Zwei oder mehr Schüler vergleichen ihre Markierungen und ergänzen die jeweils fehlenden Wörter.
3. Jeder Schüler erstellt ein eigenes Gitterrätsel für einen oder mehrere Mitschüler, dazu auch ein Lösungsblatt.
4. Die Schüler-Rätsel werden durch die Mitschüler gelöst und dann mit den Lösungen verglichen.

VARIANTEN

Um den Schwierigkeitsgrad zu erhöhen, können auch Gitterrätsel erstellt werden, bei denen Wörter versteckt sind, die ...

- diagonal,
- von rechts nach links oder
- von unten nach oben

zu lesen sind.

MÖGLICHKEITEN DER WEITERARBEIT

Die hier ausgewählten Phänomene im Gitterrätsel können jederzeit mit den im Lehrbuch und Arbeitsheft angebotenen Übungen kombiniert bzw. ergänzt werden. Sie stehen zudem im Kontext der Rechtschreibthemen „Dehnung", „lange und kurze Vokale" sowie „gleich und ähnlich klingende Konsonanten".

KOPIERVORLAGE

Name: ______________________ Datum: ____________

Gitterrätsel

Markiere alle Wörter mit Doppelvokal: aa, ee, oo
(senkrecht von oben nach unten, waagrecht von links nach rechts)

M	O	O	S	T	T	S	W	A	A	G	E	J	U	A
E	P	H	A	A	R	E	V	A	R	M	E	E	I	A
E	S	X	A	F	L	E	G	E	L	E	E	G	P	S
R	U	P	T	E	E	R	V	W	M	Q	K	E	B	L
E	Z	W	O	E	Z	O	O	B	M	S	U	C	H	E
S	C	H	N	E	E	S	R	D	C	Q	S	W	L	E
T	Z	F	H	G	Y	E	I	M	D	S	S	E	K	R
I	G	A	A	M	O	C	D	O	J	B	E	E	T	V
E	B	B	O	O	T	O	E	O	E	O	E	L	L	C
R	E	N	I	I	A	P	E	R	X	K	L	E	E	Y

Markiere alle Wörter mit Doppelkonsonant wie nn, ss, tt ...
(senkrecht von oben nach unten, waagrecht von links nach rechts)

R	A	T	T	E	W	F	W	I	N	N	E	N	C	B
E	S	A	R	U	S	S	E	M	A	P	P	E	Y	B
N	S	N	O	H	Y	B	F	M	A	B	F	A	L	L
N	C	N	T	D	O	N	N	E	R	S	T	A	G	M
E	D	E	T	Q	G	Z	K	R	F	L	O	T	T	O
N	D	O	G	G	E	W	I	T	T	E	R	Z	U	T
L	A	P	P	E	N	O	M	P	L	I	R	R	U	T
A	M	D	F	Q	U	T	I	P	P	E	N	C	K	E
M	M	D	B	E	S	S	E	N	H	C	T	T	K	R
M	F	X	B	H	S	I	N	T	E	R	E	S	S	E

Gestalte selbst ein Gitterrätsel aus Wörtern mit doppelten Konsonanten für deine Mitschüler. Achte darauf, dass die Wörter manchmal „verzahnt" sind. Bringe mindestens 12 Wörter im Gitterrätsel unter. Erstelle dir auch ein Lösungsblatt dazu.

Autor: Klaus Hoock – „Wörterflohmarkt" Lernspiele für Deutsch; Klasse 5–10

Wörterharfe

Klassenstufe	5–7
Kompetenzen	Länge eines Wortes abschätzen und durch Buchstabieren prüfen
Zeitbedarf	10 min
Material	–
Einbindung in den Unterricht	Rechtschreibung und Grammatik: Veränderung der Wortlänge durch Flexion

Ziel des Spiels ist das zügige Finden und Aufschreiben von Wörtern zu einem (willkürlich) gesetzten Begriff, der die Anfangsbuchstaben vorgibt, wobei jedes notierte Wort einen Buchstaben mehr haben soll als das vorangegangene.

MATERIALBESCHREIBUNG

Die „Harfen" sollten umrissartig (schlicht) an der Tafel skizziert werden, damit die Schüler darin eintragen können. Je nach Länge des vorgegebenen Begriffs wird entsprechend Platz benötigt. Alternativ können Arbeitsblätter zur Verfügung gestellt werden, wenn Einzel- oder Partnerarbeit am Platz geplant ist.

VORBEREITUNG

Im Rahmen eines Wettbewerbs braucht man zwei saubere Tafeln bzw. Tafelhälften, auf die zwei Harfen mit einem jeweils gleichlangen Ausgangsbegriff skizziert werden.

ABLAUF

Die Klasse wird in zwei Gruppen eingeteilt, am besten so, wie die Schüler sitzen (links/rechts), passend zu den beiden Tafelhälften.

1. In jede Harfe wird ein anderer, aber gleich langer Begriff eingetragen.
2. Jede Gruppe schickt gleichzeitig einen Schüler los, der zum ersten Buchstaben zwei Buchstaben senkrecht ergänzt, sodass ein sinnvolles Wort aus drei Buchstaben entsteht.
3. Inzwischen überlegen die anderen, was in der Folge eingetragen werden kann. Es muss immer ein Buchstabe dazukommen.
4. Der Schüler kommt von der Tafel rasch zurück und übergibt (wie bei einer Staffelübergabe) die Kreide an einen Mitschüler, der sich meldet.
5. So wird weiter verfahren, bis die „Wörterharfe" komplett ist. Die Gruppe, die das zuerst geschafft hat, gewinnt.

Hinweise und Tipps:

- Bevor ein Schüler wiederholt zum Zuge kommt, müssen alle anderen ein Wort geschrieben haben.
- Erkannte Fehler dürfen zwischendurch korrigiert werden, allerdings muss dafür jeweils ein weiterer Schüler nach vorn kommen.
- Erlaubt sind im Prinzip alle Wortarten sowie flektierte Formen. Man kann natürlich Beschränkungen einführen (z. B. auf Substantive).

VARIANTE

Der vorgegebene Begriff steckt ein Themenfeld ab, das inhaltlich eingehalten werden muss.

KOPIERVORLAGE

Name: ______________________ Datum: ______________

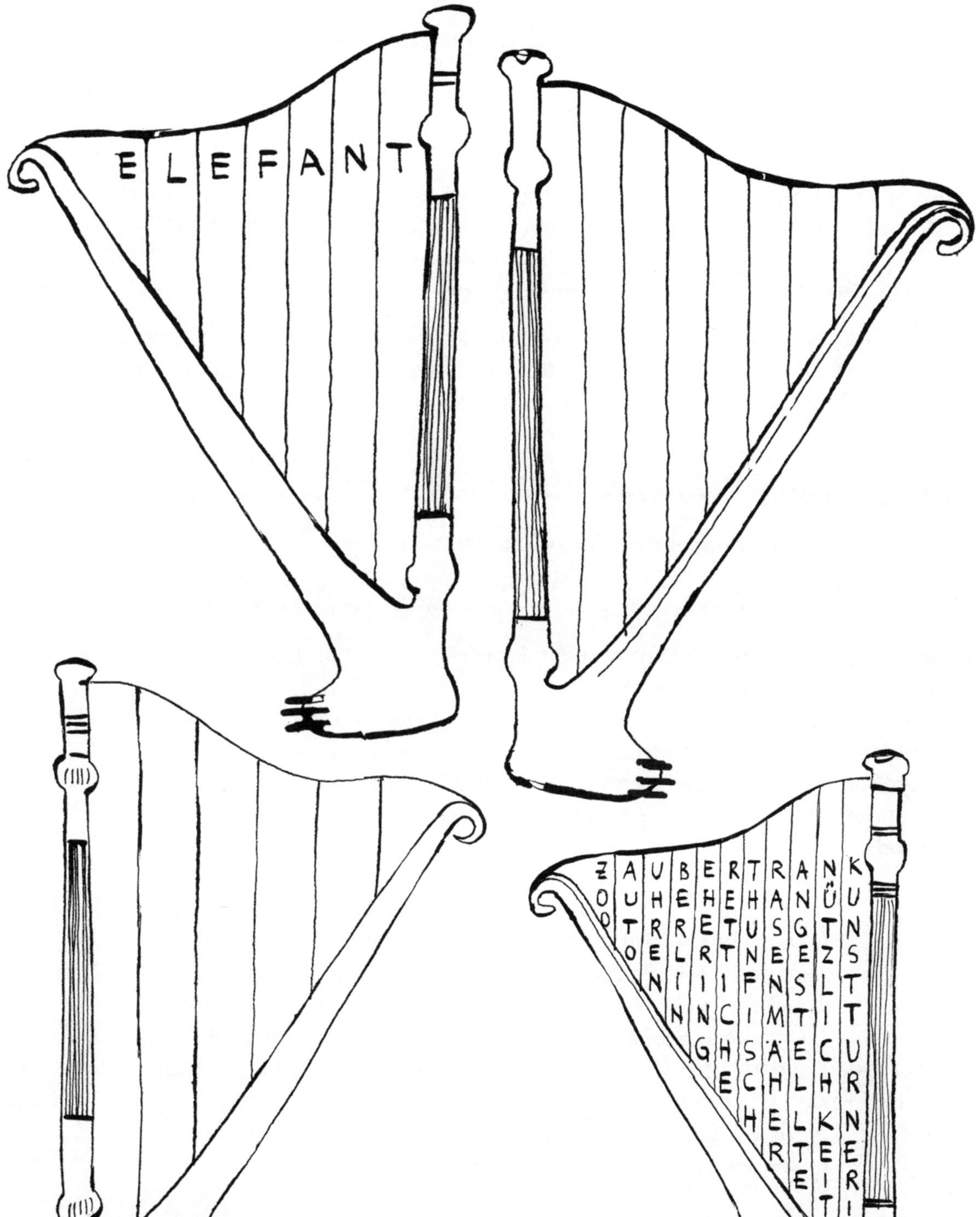

Autor: Klaus Hoock – „Wörterflohmarkt" Lernspiele für Deutsch; Klasse 5–10 – Illustration: Antje Kahl

Verbmarathon

Klassenstufe	5–8
Kompetenzen	Verben richtig konjugieren
Zeitbedarf	20 min, je nach Anzahl der Mitspieler
Material	Spielfigur für jeden Spieler in einer anderen Farbe, 2 Würfel in verschiedenen Farben für alle zusammen
Einbindung in den Unterricht	Grammatik: Wortarten, Verb, Tempora

Ziel des Spiels ist es, möglichst als Erster mit seiner Spielfigur das Zielfeld zu erreichen. Dies gelingt durch korrekte Konjugation der Verben auf den einzelnen Feldern und etwas Würfelglück.

MATERIALBESCHREIBUNG

Beim „Verbmarathon" müssen entsprechend der 42 Laufkilometer hier 42 Verbfelder durchlaufen werden, um ins Ziel zu kommen. Dabei gibt es alle 10 Kilometer ein Feld, auf dem man nichts tun muss (Joker). Durch die Augen der Würfel wird festgelegt, wie weit man vorrücken darf und wie die Verben, auf die man trifft, konjugiert werden müssen.

VORBEREITUNG

Das Spielfeld sollte auf doppelte Größe (A3) kopiert werden.

ABLAUF

Das Spiel wird an Gruppentischen gespielt. Empfehlenswert sind drei bis fünf Spieler.

1. Alle Spieler positionieren ihre Spielfigur auf dem Startfeld. In festgelegter Reihenfolge (der jüngste Spieler beginnt, dann geht es im Uhrzeigersinn weiter) wird abwechselnd gewürfelt, mit beiden Würfeln gleichzeitig.
2. Die größere Augenzahl bestimmt die Anzahl der Felder beim Vorrücken. Die Farben bestimmen zudem, wie nun konjugiert werden muss.

   Beispiel:

grüner Würfel:	roter Würfel:
Augenzahl 1 = 1. Person Singular	Augenzahl 1 = Präsens
Augenzahl 2 = 2. Person Singular	Augenzahl 2 = Perfekt
Augenzahl 3 = 3. Person Singular	Augenzahl 3 = Präteritum
Augenzahl 4 = 1. Person Plural	Augenzahl 4 = Plusquamperfekt
Augenzahl 5 = 2. Person Plural	Augenzahl 5 = Futur I
Augenzahl 6 = 3. Person Plural	Augenzahl 6 = Futur II

   Also: Würfelt jemand vom Startfeld aus 4 (grün) und 5 (rot), so rückt er auf das Verb „tanzen" (also fünf Felder) und konjugiert folgendermaßen: „wir werden tanzen" (1. Person Plural Futur I).
3. Wer falsch konjugiert, fällt wieder auf das zuletzt von ihm besetzte Feld zurück.
4. Um ins Ziel zu kommen, muss man die passende Zahl würfeln.

VARIANTEN

- Das gleiche Verfahren kann auf Formen im Passiv oder im Konjunktiv übertragen werden.
- Um das Spiel zu verlängern bzw. mehr Konjugationen durchspielen zu können, wird das Vorrücken durch die kleinere der beiden Würfelzahlen bestimmt.
- Die Gruppensieger treten gegeneinander an und spielen ein Klassen-Finale. Dabei darf jeder auf drei Joker (Mitschüler) aus seiner Gruppe zurückgreifen.

KOPIERVORLAGE

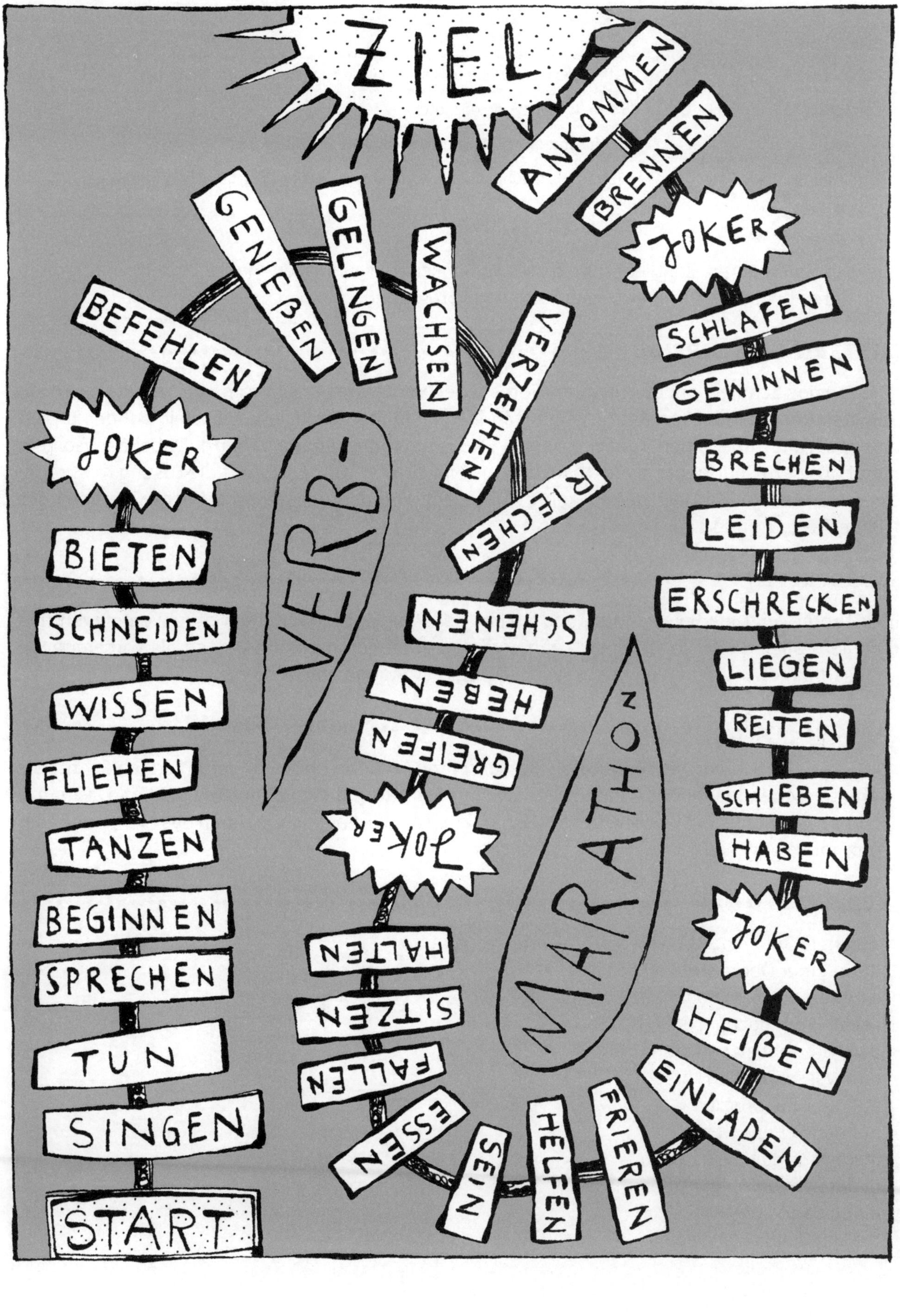

Autor: Klaus Hoock – „Wörterflohmarkt" Lernspiele für Deutsch; Klasse 5–10 – Illustration: Antje Kahl

Über einen Kamm scheren

Klassenstufe	8–10
Kompetenzen	feste Redewendungen und Sprichwörter darstellen und verstehen
Zeitbedarf	15 min (Präsentation der Fotos)
Material	Digitalkamera bzw. Smartphone, selbst erstellte Fotos
Einbindung in den Unterricht	Bildhaftigkeit von Sprache: Kontext Lyrik, Sprichwort, Sprachverfremdung, Illustration

Ziel des Spiels ist die Zergliederung fester sprachlicher Wendungen in ihre Einzelkomponenten und deren bildhafte Aufbereitung in Form von Fotografien.

MATERIALBESCHREIBUNG

Die von den Schülern anzufertigenden Fotos sollen Sprichwörter veranschaulichen, die durch ein leichtes Arrangement von Alltagsgegenständen darstellbar sind (siehe Beispiele auf der Kopiervorlage: „alles über einen Kamm scheren" bzw. „durch die Lappen gehen"). Dabei darf/soll ein Wort aus dem Sprichwort als Textbaustein ins Bild gesetzt werden, damit die Lösung mit größerer Sicherheit identifiziert werden kann. Außerdem wird dadurch der sprachliche Charakter des „Bildes" repräsentiert.

VORBEREITUNG

Der Lehrer zeigt die Beispielfotos und erklärt das Prinzip. Die weiteren Fotos werden von den Schülern alleine oder in Gruppen arrangiert und aufgenommen, am besten als vorbereitende Hausaufgabe. Ansonsten muss passendes Material mitgebracht werden.

ABLAUF

Die Fotos der Schüler werden (mittels Beamer) projiziert. Die Klasse findet im ersten Schritt die dahinterstehende Wendung heraus. Im zweiten Schritt wird die Bedeutung geklärt. Das ganze kann als Quiz angelegt werden. Der Spielcharakter ist allerdings schon durch das „Aufbauen" der Fotomotive gegeben.

BEISPIELE

geeignete Sprichwörter bzw. feste Wendungen:
„unter einer Decke stecken"
„ein Brett vor dem Kopf haben"
„seinen Senf dazugeben"
„den roten Faden verlieren"
„das Wasser reichen können"
„auf die Tube drücken"
„auf den Schlips treten"
„etwas aus der Nase ziehen"
„in den sauren Apfel beißen müssen"
„einen Zahn zulegen"
„die Hand aufs Herz legen"

KOPIERVORLAGE: BEISPIELFOTOS

„alles über einen Kamm scheren"

„durch die Lappen gehen"

Autor: Klaus Hoock – „Wörterflohmarkt" Lernspiele für Deutsch; Klasse 5–10 – Fotos: Klaus Hoock

Zeit macht Heu

Klassenstufe	8–10
Kompetenzen	unbekannte Sprichwörter verstehen und erklären
Zeitbedarf	20 min
Material	Stoppuhr
Einbindung in den Unterricht	Bildhaftigkeit von Sprache: Kontext Lyrik, Sprichwort, Sprache mit ethisch orientierter Aussageabsicht

Ziel des Spiels ist, dass die Schüler unbekannte deutsche Sprichwörter verstehen, indem sie diese entweder mit ihrer Lebenserfahrung verbinden, mit anderen Sprichwörtern abgleichen oder Vermutungen über deren Bedeutung formulieren.

MATERIALBESCHREIBUNG

Die ausgewählten Sprichwörter (siehe Kopiervorlage, weitere z. B. bei Simrock 1996) sind nicht gängig, aber dennoch gut deutbar. Beispiel: „Zeit macht Heu" besagt, dass Heu als Futter für Nutztiere erst durch den Trocknungsprozess von Gräsern und Kräutern entsteht (biologische Ebene) und dass Vieles im Leben seine Zeit braucht, bis es „reif" bzw. verwertbar ist (anthropologische Erfahrung).

VORBEREITUNG

Sprichwörter werden in einer Art „Lostrommel" zum Ziehen bereitgestellt.

ABLAUF

Die Klasse wird in zwei große Gruppen aufgeteilt. Aus jeder Gruppe zieht abwechselnd ein Schüler ein Sprichwort, liest es vor und versucht es zu erklären. Dazu darf er kurz mit einem Schüler aus der Gruppe, der sich meldet, Rücksprache halten.
Zeitbegrenzung nach dem Vorlesen: 45 Sekunden
Wichtig: Die Deutung sollte ein gewisses Abstraktionsniveau aufweisen, d. h. als prinzipielle Erkenntnis oder Lebensweisheit formuliert sein.
Punktwerte:

- korrekte, treffende Lösung (3 Punkte), annäherungsweise, vage Lösung (2 Punkte), falsche, aber kreative Lösung (1 Punkt), falsche oder keine Lösung (0 Punkte)

Gewonnen hat die Gruppe, die nach einer bestimmten Zeit die meisten Punkte gesammelt hat.

VARIANTEN

- Die Schüler schlagen selbst Sprichwörter nach und wählen geeignete aus, die sie dann der anderen Gruppe zur Deutung vorlegen.
- Es findet eine Spezialisierung auf bestimmte Gruppen von Sprichwörtern statt, z. B. solche zum Thema Zeit mit Bezügen zu Wetter und Natur oder zu Körperteilen.

MÖGLICHKEITEN DER WEITERARBEIT

Die Einführung bildhafter rhetorischer Figuren bzw. deren Ergänzung passt in diesen Kontext: Personifikation, Metapher, Vergleich, Symbol, Allegorie, in Klasse 10 evtl. auch Chiffre, Metonymie und Synekdoche

KOPIERVORLAGE

Wer den Stein nicht heben kann, der muss ihn wälzen.	Wer des Wassers bedarf, sucht es im Brunnen.
Dem Schuldigen wackelt das Mäntlein.	Keine Rose ist ohne Dornen.
Zwei Hahnen auf einem Mist vertragen sich nicht.	Wer tut, was er kann, tut so viel als der Papst in Rom.
Liebe findet man nicht auf dem Markte feil.	Lügen und Lawinen wachsen immer.
Warm ist das Leben, kalt der Tod.	Geige den Leuten, wie du willst, du geigst selten allen recht.
Der Zahn beißt oft die Zunge, und doch bleiben sie gute Nach-barn.	Zeit macht Heu.
Lieber Aff, sieh erst auf dich. Dann lobe oder schelte mich.	Angst und Schrecken bringen den Lahmen auf die Beine.
Anfang heiß, Mitte lau, Ende kalt.	Auf dem Weg, den viele gehen, wächst kein Gras.
Was du allein willst wissen, das sage niemand.	Worte tun oft mehr als Schläge.
Kein Müller hat Wasser und kein Schäfer Weide genug.	Die Mücke fliegt so lang ums Licht, bis sie sich versengt.

Autor: Klaus Hoock – „Wörterflohmarkt" Lernspiele für Deutsch; Klasse 5–10

Wörterflohmarkt

Klassenstufe	9–10
Kompetenzen	Bedeutung weniger gebräuchlicher bzw. „aussterbender“ Wörter kennenlernen oder erschließen
Zeitbedarf	20–30 min
Material	–
Einbindung in den Unterricht	Wortkunde, Wortbildung, Definitionen

Ziel des Spiels ist es, auf dem „Wörterflohmarkt“ möglichst viele „alte“ Wörter zu erwerben, also „Wort-Lose“ für die eigene Gruppe zu sammeln, indem die Bedeutung des gelosten Wortes gekannt, erschlossen oder erraten wird.

MATERIALBESCHREIBUNG

Benötigt wird eine nicht zu knappe Sammlung „aussterbender“ Wörter auf Zetteln oder Kärtchen („Lose“), wie sie in der Kopiervorlage aufgelistet sind oder in folgenden Publikationen nachgeschlagen werden können: Wieprecht/Skuppin 2009, Kinast 2014, Dudenredaktion 2013 oder auf www.retropedia.de.
Die Wörter sind häufig noch vom „Hörensagen“ bekannt, aber nur im passiven Wortschatz präsent. Es ist aber denkbar, sich durch die Beratung in der Gruppe den Sinn zu erschließen oder sich auf eine Bedeutung zu einigen.

VORBEREITUNG

Ein Lostopf mit ausreichend Wortmaterial muss bereitgestellt werden.

ABLAUF

Die Lerngruppe wird in Gruppen zu je vier Schülern aufgeteilt.

1. Die Gruppen ziehen im Wechsel ein Los und beraten sich kurz (ca. 1 Minute) über die mögliche Bedeutung des Wortes. Das Wort wird laut genannt und an die Tafel geschrieben, sodass alle Gruppen mitdenken können.
2. Die Gruppe, die das Wort gezogen hat, gibt eine Antwort und erhält das Los, wenn sie richtig ist.
3. Ist die Antwort falsch, darf die Gruppe, die als nächste am Zuge ist, einen Antwortversuch machen, dann wieder die nächste Gruppe usw. Der reguläre Ablauf wird dabei nicht verändert.
4. Es gewinnt die Gruppe, die am Ende die meisten Wörter erschlossen hat.

VARIANTEN

- Die aussterbenden Wörter werden von allen Gruppen gleichzeitig „übersetzt“, indem die möglichen Lösungen aufgeschrieben und dann vorgelesen werden.
- Möglich ist es auch, zu jedem Begriff vier Antwortmöglichkeiten zu entwickeln und zur Auswahl zu stellen. Dann kann das Spiel auch in niedrigeren Klassenstufen eingesetzt werden.

MÖGLICHKEITEN DER WEITERARBEIT

Das Spiel bietet eine Schnittmenge zum Thema Fremdwörter und könnte in diesen Zusammenhang gestellt werden („Rendezvous“). Ebenso lässt sich sehr gut das Thema Sprachentwicklung bzw. Sprachwandel anbahnen.

KOPIERVORLAGE

Beispiele für aussterbende oder ausgestorbene Wörter mit → Übertragungen

Kostümier → Theaterschneider
Steckenpferd → Vorliebe, Hobby
Groschen → kleine Münze, 10-Pfennig-Stück
Mumpitz → Unsinn
Pedell → Hausmeister
sapperlot → Ausdruck der Verwunderung
versühnen → versöhnen
Galanteriewaren → Accessoires, modisches Zubehör zur Kleidung
Erdpech → Asphalt
seimig → dickflüssig, zähflüssig
Theomanie → religiöser Wahn
weiland → einst, früher
danieden → unten auf der Erde
Maulaffen feilhalten → gaffen, herumsitzen und schauen
Schuhwichse → Schuhcreme
Depesche → politische Nachricht per Telegramm
Bandsalat → Wirrwarr in Tonbandgerät oder Kassettenrecorder
Fräulein vom Amt → Telefonistin in einer Vermittlungszentrale
Tropfenfänger → Schwämmchen am Ausguss einer Tee-/Kaffeekanne
Sendeschluss → Programmende im Fernsehen (etwa nach Mitternacht)
hanebüchen → unsinnig, irrwitzig, tendenziell unverschämt
Kratzfuß → unterwürfige Verbeugung, meist vor einem Vorgesetzten
Wuchtbrumme → üppige Frau
Halbstarke → streitsüchtige junge Männer
Muckefuck → Kaffee-Ersatz in schlechten Zeiten
anheimstellen → jemandem die Entscheidung überlassen
Kokolores → Jux, Unfug, Blödsinn
Liebestöter → unerotische Unterwäsche
frönen → sich einer Sache hingeben, etwas sehr gerne tun
Fidibus → Holzspan oder gedrehte Papierstange zum Pfeifenanzünden
Dünkel → Arroganz
Nummernkonto → geheimes Bankkonto
Mauerblümchen → unscheinbares, schüchternes Mädchen oder junge Frau
Schwerenöter → Mann mit Hang zu Frauen und manchmal zu Alkohol
Kostgänger → Untermieter, der auch mit Essen versorgt wird
inkommodieren → belästigen
Stelldichein → Date, Rendezvous
Karzer → „Gefängnis", Kammer in Schulen oder Heimen
Backpfeife → Ohrfeige
Westover → Pullunder (Pulli ohne Ärmel, meist mit Karomuster)
Sahneschnitte → attraktive junge Frau
Tausendsassa → Mann mit Fähigkeiten auf vielen Gebieten
Lumpazi → Gauner, Vagabund

Autor: Klaus Hoock – „Wörterflohmarkt" Lernspiele für Deutsch; Klasse 5–10

Spiel 8–14

Kompetenzbereich „Sprechen und Zuhören“

Sprechen und Zuhören bedingen sich gegenseitig. Insofern sind die meisten Spiele so konstruiert, dass **Sprechakt und Reaktion** darauf **im Wechsel** stehen.

Die „Brückenwörter“ erfordern eine „einfache“ Wortbildung auf Basis des Vorgängers und führen so dessen Kompositum weiter.

Das „Zungenbrecher-Memory“ variiert bzw. ergänzt das bekannte Merk-Spiel um die **konzentrierte Aussprache** von lustigen Sätzen vor anderen, wobei Hemmungen beim Sprechen abgebaut werden können, weil sich jeder gleichermaßen abmühen muss.

„Mein Leben als ...“ ermöglicht das **Erzählen aus einer fremden, ungewöhnlichen Perspektive** und schult die in der Schule leider viel zu kurz kommende Kultur des mündlichen Erzählens (Hoock 2014, 38 f.).

„Unerwartete Dialoge“ zwischen nicht-lebenden Dingen führen die Ausbildung und Förderung der **Erzählkompetenz** weiter.

Eine rasche und passende **Begriffsfindung** wird bei „Dalli Dalli“ trainiert.

Die „Radiomoderation“ erfordert das spontane Sich-Einlassen auf eine **dialogische Verarbeitung** unterschiedlicher Themen und fördert die flexible Abstimmung zweier Gesprächspartner während des Sprechens.

In einer „Oscar-Preisrede“ wird der Schritt hin zu **eigenen Kurzreden** gewagt, die nach dem Vorbild der durchaus emotionalen Dankesreden bei derartigen Anlässen gerne übersteigert – auch parodistisch – ausgerichtet sein sollen.

Zu allen Spielen gibt es unterschiedlichste Impulse oder Vorgaben, sodass Sie den individuellen Interessen der Schüler Angebote machen können. Bedenken Sie jeweils, ob Sie eine thematische Zuordnung dem Zufall oder lieber ihrer eigenen pädagogischen Einschätzung überlassen wollen.

Brückenwörter

Klassenstufe	5–7
Kompetenzen	gegenseitig zuhören, Wortschatz nutzen und erweitern
Zeitbedarf	5–10 min
Material	–
Einbindung in den Unterricht	Wortbildung (Komposita); jederzeit zur Aktivierung im Sinne bewegenden Lernens

Ziel des Spiels ist es, zügig Komposita zu bilden, indem die Schüler das hintere Nomen aus dem Kompositum (= Grundwort) des Vorredners als Bestimmungswort ihres eigenen Kompositums verwenden.

MATERIALBESCHREIBUNG

Das Wortmaterial wird von den Schülern selbst gebildet. Zumindest am Anfang ist es sinnvoll, nur Nomen als Wortbestandteile zuzulassen. Das ist für eine gelingende Beteiligung möglichst aller Schüler am einfachsten. In der Folge können aber auch Verben und Adjektive mit einbezogen werden.

VORBEREITUNG

Das Spiel kann ohne Vorbereitung jederzeit initiiert werden. Es eignet sich als Auftakt einer Deutschstunde oder auch für zwischendurch (Möglichkeit zum Aufstehen).

ABLAUF

Die Schüler bilden der Reihe nach jeweils ein zusammengesetztes Wort und verwenden dazu den letzten Bestandteil des unmittelbar vorher genannten Begriffes wieder.

Beispiel:

Autobahn → Bahnverkehr → Verkehrspolizei → Polizeistation

Wer ein passendes Wort gefunden hat, kann sich setzen. Man sollte das Spiel nicht unbedingt so lange spielen, bis nur noch ein einzelner Schüler steht, damit dieser nicht bloßgestellt wird.

Hinweise:

- Zulässig und notwendig ist bisweilen natürlich das Fugen-s (Verkehr-s-polizei).
- Damit das Spiel nicht zu sehr ins Stocken gerät, sollte man Umformungen innerhalb eines Substantivs gelten lassen. Hätte ein Schüler beispielsweise „Verkehrspolizist“ gesagt, wäre es schwierig, exakt auf „Polizist“ zu bestehen. Die Variante „Polizei“ bietet demgegenüber einige Möglichkeiten.

VARIANTEN

Um das Element der Bewegung zu verstärken, könnte ein Softball zum Einsatz kommen, den sich die Schüler durch den Raum zuwerfen, um die gegebene Reihenfolge zu verlassen. Das ist dann sinnvoll, wenn die Klasse aus nicht allzu vielen Schülern besteht bzw. wenn der Raum es tatsächlich zulässt, dass geworfen und gefangen wird. Das Verfahren erzwingt zudem eine höhere Konzentration, weil man jederzeit ausgewählt werden kann, um das nächste Wort zu bilden.

Zungenbrecher-Memory

Klassenstufe	7–10
Kompetenzen	beobachten, merken, erinnern, artikuliert sprechen
Zeitbedarf	20 min
Material	Memory-Kärtchen
Einbindung in den Unterricht	thematisch unabhängig Konzentrations- und Sprechtraining, Sprachwitz

Ziel des Spiels ist es, möglichst viele Memory-Kärtchen zu sammeln, um das Spiel zu gewinnen. Man bekommt diese, wenn man die zusammengehörenden Sätze richtig aufdeckt und fehlerfrei spricht.

MATERIALBESCHREIBUNG

Die 36 Memory-Kärtchen bilden 18 Paare, die sich sehr ähnlich sind. Die Wortstellung im Satz ist verändert, sodass eine Sprechvariante für das Vorlesen zur Verfügung steht. Der Zungenbrecher-Effekt ergibt sich aus der ähnlichen oder zum Teil gleichen Lautung von Wortanfängen und Wortendungen sowie aus der Kombination von manchmal unerwarteten bzw. sinnfreien, aber lustigen Inhalten.

VORBEREITUNG

Die als Kopiervorlage beigefügten Zungenbrecher-Sätze sollen als Memory-Kärtchen vorbereitet werden. Am besten ist es, jeweils für etwa fünf Schüler ein Set Kärtchen bereitzuhalten.

ABLAUF

Das Spiel funktioniert im Kern wie das bekannte Memory-Spiel, wird aber durch das Aussprechen der Zungenbrecher-Sätze ergänzt.

1. Der jüngste Spieler beginnt. Er deckt zwei Karten auf und liest zur Übung für alle hörbar die beiden Sätze auf den Kärtchen vor.
2. Im Uhrzeigersinn geht es weiter. Wer zwei zusammengehörende Kärtchen aufgedeckt hat, darf sie behalten – Beispiel: „Liesel liest laufend Liebesromane." + „Liebesromane liest Liesel laufend."
   Der Schüler darf aber nur dann beide Kärtchen behalten, wenn er die Sätze darauf zügig und fehlerfrei vorliest. Verhaspelt er sich, muss er eines der beiden Kärtchen an den folgenden Spieler weitergeben und es zählt zu dessen Kärtchen-Konto.
3. Das Spiel wird so lange gespielt, bis alle Kärtchen passend aufgedeckt sind.

Generell gilt: Wer ein Pärchen richtig aufgedeckt hat, darf weiter aufdecken.

VARIANTEN

Bewegungsspiel: Jeder Schüler bekommt ein Kärtchen und sucht seinen Partner, indem alle gleichzeitig im Raum herumlaufen und den Satz auf ihren Kärtchen sprechen. Dabei trainieren sie zugleich die Aussprache ihres Satzes. Paare, die sich gefunden haben, zeigen dies an. Möglichkeiten hierzu: Sie steigen auf einen Stuhl, machen eine für ihren Satz typische Bewegung oder nehmen eine starre Haltung ein. Danach werden die Kärtchen neu verteilt und die Suche kann von vorn beginnen.
Das Verfahren stellt auch eine Möglichkeit der zufälligen Paarfindung für eine Partnerarbeit dar.

KOPIERVORLAGE

Memory-Kärtchen 1

Meike meckert mit Missgunst über Melanies Meinung.	Über Melanies Meinung meckert Meike mit Missgunst.	Liesel liest laufend Liebesromane.
Liebesromane liest Liesel laufend.	Metzgermeister mit Händen voll Kleister balgen sich in den Algen.	In den Algen balgen sich Metzgermeister mit Händen voll Kleister.
Sie läuft mit Kufen über die Stufen und rutscht, dass es flutscht.	Sie läuft und rutscht, dass es flutscht, mit Kufen über die Stufen.	Samstags ist heilsam ein Balsam aus Pilzschaum und Filzflaum.
Ein Balsam aus Pilzschaum und Filzflaum ist samstags heilsam.	Aus glutheißer Liebe lackierte blutrote Rosen rotieren robust.	Robust rotieren aus glutheißer Liebe lackierte blutrote Rosen.

Autor: Klaus Hoock – „Wörterflohmarkt" Lernspiele für Deutsch: Klasse 5–10

KOPIERVORLAGE

Memory-Kärtchen 2		
Bikinimädchen trifft Strandräuber und Mädchenräuber trifft Strandbikini.	Mädchenräuber trifft Strandbikini und Bikinimädchen trifft Strandräuber.	Die käsige Kunstkolonne lugt längs in die lästige Kurpromenade.
In die lästige Kurpromenade lugt längs die käsige Kunstkolonne.	Käfer kaufen keine kleinen Klebestifte.	Klebestifte kaufen Käfer keine kleinen.
Bei Beteiligung am Beileidgeben ist Beleidigung nicht anzustreben.	Beleidigung ist nicht anzustreben bei Beteiligung am Beileidgeben.	Lackaffen und Frackgaffer fallen tief und lachen schief.
Tief fallen und schief lachen Lackaffen und Frackgaffer.	Autoliebhaber und Fahrraddiebe kennen weder Autodiebe noch Fahrradliebe.	Weder Autodiebe noch Fahrradliebe kennen Autoliebhaber und Fahrraddiebe.

Autor: Klaus Hoock – „Wörterflohmarkt" Lernspiele für Deutsch; Klasse 5–10

KOPIERVORLAGE

Memory-Kärtchen 3		
Mistgabel im Reitstall statt Schmutzstapel im Maststall.	Schmutzstapel im Maststall statt Mistgabel im Reitstall.	Oma onduliert ein Omelette ohne Opas orientalische Korianderbrösel.
Ohne Opas orientalische Korianderbrösel onduliert Oma ein Omelette.	Feiertags feilt Fiona ihre Fußnägelchen und feixt mit Felix.	Mit Felix feixt Fiona feiertags und feilt ihre Fußnägelchen.
Gudrun mag Gurken und Gundi hasst Schurken.	Gundi hasst Schurken und Gudrun mag Gurken.	Tante Tanja taumelt dann ja wie Ronja und Wanja.
Wie Ronja und Wanja taumelt dann ja Tante Tanja.	Elefanten und Elfen tanzen eifrig zusammen um elf Uhr elf.	Um elf Uhr elf tanzen Elefanten und Elfen eifrig zusammen.

Autor: Klaus Hoock – „Wörterflohmarkt" Lernspiele für Deutsch; Klasse 5–10

Mein Leben als ...

Klassenstufe	7–10
Kompetenzen	längere freie Redebeiträge leisten Erzählen üben
Zeitbedarf	5–15 min
Material	Kärtchen mit Erzählimpulsen („Mein Leben als ...")
Einbindung in den Unterricht	mündliches Gestalten, Rhetorik, Berufskunde; Figurendarstellung, Veranschaulichung von Charaktereigenschaften, Tieren, Gegenständen

Ziel des Spiels ist es, auf der Basis zufälliger oder selbst gewählter Impulse eine fiktive Lebensgeschichte in der Ich-Form (möglichst) spontan zu erzählen. Dabei darf natürlich die Ebene des erlebbaren Realismus überschritten werden bis hin zu absurden Einfällen. Die Zuhörer sollen den Begriff raten, der der Lebensgeschichte zu Grunde liegt.

MATERIALBESCHREIBUNG

Auswahlkärtchen „Mein Leben als ..." zu folgenden Kategorien: Beruf, Eigenschaft, Tier, Natur, Gegenstand, Bauwerk (siehe Kopiervorlagen)

VORBEREITUNG

Es werden die Kärtchen bereitgestellt, am besten farblich unterschieden nach Kategorien. Die jeweilige Kategorie könnte dabei auf der Rückseite angegeben werden.

ABLAUF

Sozialform ist entweder das Plenum oder eine größere Gruppe (ca. sechs Personen).

1. Ein Schüler zieht ein Kärtchen als Basis für eine mündliche Erzählung über die Lebensgeschichte des Begriffs.
2. Der vortragende Schüler hat zwei Minuten Zeit, um Ideen zu sammeln und sich Notizen zu machen.
3. Die Lebensgeschichte zu dem gewählten Begriff wird in der Ich-Form erzählt. Dauer: ca. drei Minuten. Die Zuhörer unterbrechen nicht, auch wenn sie die Lösung zu kennen glauben.
4. Die Zuhörer dürfen im Anschluss noch Nachfragen stellen, um die Lebensgeschichte weiter auszuleuchten, und sollen abschließend begründete Vermutungen über den Ausgangsimpuls (Begriff auf dem Kärtchen) anstellen.

VARIANTEN

- Die Schüler können Begriffe einmal zurücklegen und neu ziehen, wenn sie nichts damit anfangen können.
- Sie dürfen Begriffe selbst auswählen (also kein Zufallsprinzip).
- Die Schüler ziehen zwei Kärtchen aus unterschiedlichen Kategorien. Das macht aber nicht immer Sinn. Möglich wäre die Kombination aus „Eigenschaft" + „Beruf", mit Einschränkung auch „Eigenschaft" + „Tier".
- Die Erzählung ist auch als Schreibaufgabe denkbar.

KOPIERVORLAGE

Mein Leben als ... Dachdecker **Beruf**	Mein Leben als ... Fußballtrainer **Beruf**	Mein Leben als ... Florist **Beruf**	Mein Leben als ... Pianist **Beruf**
Mein Leben als ... Tatortreiniger **Beruf**	Mein Leben als ... Schriftsteller **Beruf**	Mein Leben als ... Artist **Beruf**	Mein Leben als ... Detektiv **Beruf**
Mein Leben als ... Sportfanatiker **Eigenschaft**	Mein Leben als ... Jähzorniger **Eigenschaft**	Mein Leben als ... Single **Eigenschaft**	Mein Leben als ... Angsthase **Eigenschaft**
Mein Leben als ... Gutmütiger **Eigenschaft**	Mein Leben als ... Suchender **Eigenschaft**	Mein Leben als ... Casanova **Eigenschaft**	Mein Leben als ... Erbsenzähler **Eigenschaft**

Autor: Klaus Hoock – „Wörterflohmarkt" Lernspiele für Deutsch; Klasse 5–10

KOPIERVORLAGE

Mein Leben als ... Feldhase **Tier**	Mein Leben als ... Pfau im Zoo **Tier**	Mein Leben als ... Hauskatze **Tier**	Mein Leben als ... Zierfisch **Tier**
Mein Leben als ... Rennpferd **Tier**	Mein Leben als ... Großstadtratte **Tier**	Mein Leben als ... Mastgans **Tier**	Mein Leben als ... Zugvogel **Tier**
Mein Leben als ... Rosenstrauch **Natur**	Mein Leben als ... Wolke **Natur**	Mein Leben als ... Strandabschnitt **Natur**	Mein Leben als ... Grashalm **Natur**
Mein Leben als ... Palme **Natur**	Mein Leben als ... Vulkan **Natur**	Mein Leben als ... Eislandschaft **Natur**	Mein Leben als ... Wüste **Natur**

Autor: Klaus Hoock – „Wörterflohmarkt" Lernspiele für Deutsch; Klasse 5–10

KOPIERVORLAGE

Mein Leben als ... Kugelschreiber **Gegenstand**	Mein Leben als ... Smartphone **Gegenstand**	Mein Leben als ... Schultafel **Gegenstand**	Mein Leben als ... Ersatzrad **Gegenstand**
Mein Leben als ... Schlüsselbund **Gegenstand**	Mein Leben als ... Gummischlumpf **Gegenstand**	Mein Leben als ... Küchenstuhl **Gegenstand**	Mein Leben als ... Fernrohr **Gegenstand**
Mein Leben als ... Eiffelturm **Bauwerk**	Mein Leben als ... Iglu **Bauwerk**	Mein Leben als ... Plattenbau **Bauwerk**	Mein Leben als ... Brandenburger Tor **Bauwerk**
Mein Leben als ... Cheopspyramide **Bauwerk**	Mein Leben als ... Haftanstalt **Bauwerk**	Mein Leben als ... Tiefgarage **Bauwerk**	Mein Leben als ... Currywurstbude **Bauwerk**

Autor: Klaus Hoock – „Wörterflohmarkt" Lernspiele für Deutsch; Klasse 5–10

Unerwartete Dialoge

Klassenstufe	7–10
Kompetenzen	eine neue Rolle bzw. fremde Perspektive einnehmen und spontane Gesprächsbeiträge leisten
Zeitbedarf	15 min
Material	Rollenzuweisung (paarweise)
Einbindung in den Unterricht	mündliches Gestalten, Rollengespräch, Rhetorik, Sprachwitz

Ziel des Spiels ist es, dass die Dialogpartner spontan ein möglichst originelles Gespräch führen.

MATERIALBESCHREIBUNG

Man benötigt Zettel oder Kärtchen mit möglichen Dialogpartnern – nicht menschlicher Natur – wie z. B.

- T-Shirt und Hose
- Papagei und Käfig
- Gaspedal und Bremse
- Handy und Schlüsselbund
- Nuss-Nougat-Creme und Frischkäse
- Zungenpiercing und Ohrring
- Sektflasche und Korken
- Fertigpizza und Kühltruhe
- Fahrrad und Luftpumpe

VORBEREITUNG

Es werden Dialogpaare (zwei Schüler pro Dialog) benötigt, die sich Rücken an Rücken setzen.

ABLAUF

Die Dialogpartner haben drei Minuten Zeit, um sich in origineller Weise zu unterhalten. Dass dabei ein Wettbewerb aus hoffentlich kreativen und bisweilen lustigen und verrückten Dialogen zustande kommt, kann man sich denken. Das Siegerpaar kann durch Abstimmung oder die Stärke des Applauses am Ende ermittelt werden.

VARIANTE

Nach einem Durchlauf mischen sich die Pärchen bzw. die Schüler begegnen sich neu und führen Dialoge mit ihrem Gegenüber. Dabei sollen Informationen aus der ersten Dialogrunde mit einbezogen werden, was das Zuhören und die Merkfähigkeit schult. Diese Variante ist tendenziell für kleinere Gruppen geeignet.

Dalli Dalli

Klassenstufe	5–10
Kompetenzen	Wortschatz nutzen, Kategorienzuordnung üben
Zeitbedarf	25 min (bei 8 Teams)
Material	Stoppuhr, Notizblatt für Jury
Einbindung in den Unterricht	evtl. thematische Passung (siehe unterschiedliche Themenfelder auf der Kopiervorlage), ansonsten jederzeit

Bei diesem Spiel geht es um rasche Begriffsfindung zu einer Fragestellung. Die Schüler sollen paarweise im Wechsel einen Impuls inhaltlich passend auffüllen und dabei möglichst viele Punkte holen.

MATERIALBESCHREIBUNG

Die Beispielimpulse der Kopiervorlage weisen einen differenzierten Schwierigkeitsgrad auf, sodass sie sich nur teilweise für Klasse 5, in der Regel für die Klassenstufen 6 bis 10 eignen.

VORBEREITUNG

Das Raumsetting sollte Platz für eine Jury aus drei Schülern vorsehen sowie für mehrere Partnertische für die einzelnen Teams.

ABLAUF

Es werden Zweierteams gebildet, die während des Wettbewerbs zusammenbleiben.
1. Runde: Jedes der acht Teams hat auf der Basis eines Impulses Zeit, möglichst viele Antworten zu geben. Die Antworten müssen im ständigen Wechsel der beiden Spielpartner zusammengetragen werden. Zeit: eine Minute.
2. Runde: Die vier Teams mit den meisten Punkten kommen in die 2. Runde, die ebenso abläuft wie die 1. Runde.
3. Runde: Jetzt spielen die beiden Teams mit den meisten Punkten aus der 2. Runde um den Gesamtsieg.
Jurytätigkeit: Die Jury stoppt die Zeit und zählt mit. Doppelte Antworten (Wiederholungen) und Begriffe, die offensichtlich „falsch" sind oder gar nichts mit dem Thema zu tun haben, werden abgezogen.

VARIANTEN

- Die Anzahl der Teams ist natürlich variabel und bestimmt den Zeitumfang.
- Aufgabenimpulse können auch von der Jury bzw. einzelnen Schülern entwickelt werden.

ALTERNATIVEN UND MÖGLICHKEITEN DER WEITERARBEIT

Je nach thematischer Ausrichtung der Impulse ist eine spielerische Integration in unterschiedlichste Unterrichtseinheiten möglich, beispielsweise in die Arbeit mit Sachtexten zu bestimmten Inhalten, aber auch Fachbegriffe des Deutschunterrichts können die Impulse bestimmen.

KOPIERVORLAGE

Dalli Dalli-Impulse

Essen und Trinken
Was man alles an Lebensmitteln einkaufen kann ...
Was es an ungesunden Lebensmitteln so alles gibt ...
Was man an Getränken im Kühlschrank finden kann ...
Was Kinder gerne essen ...

Verkleidungen
Kostüme, die man an Fasching tragen kann ...
Gruselige Gestalten, die man gerne einmal verkörpern möchte ...
Heldenfiguren, in deren Rolle man einmal schlüpfen möchte ...
Comicfiguren, in die man sich gerne einmal verwandelt ...

Feste/Öffentlichkeit
Was man auf der Kirmes alles machen kann ...
Was auf dem Münchner Oktoberfest so alles passiert ...
Was man in der Öffentlichkeit nicht erleben möchte ...
Was besonders peinlich ist ...

Bücher/Autoren
Bücher, die man lesen sollte ...
Bücher, die man nicht lesen sollte ...
Schriftsteller, die leider schon gestorben sind ...
Erfundene Buchtitel, die es (wahrscheinlich) noch nicht gibt ...

Musik
Musiktitel, die zu Klassikern geworden sind ...
Kultbands, die unvergessen bleiben werden ...
Chansons und Musikballaden ...
Kinderlieder, die noch in Erinnerung sind ...

Sport
Sportarten, die man im Freien ohne Geräte ausüben kann ...
Sportarten, für die man eine spezielle Ausrüstung braucht ...
Gründe, um heute mal keinen Sport treiben zu müssen ...
Sportarten, die noch erfunden werden müssen ...

Schule
Was man im Deutschunterricht alles lernen kann ...
Ausreden, die man beim Zuspätkommen braucht ...
Schulfächer, die man neben den bekannten gut brauchen könnte ...
Was Lehrer so alles „können" sollten ...

Autor: Klaus Hoock – „Wörterflohmarkt" Lernspiele für Deutsch; Klasse 5–10

Radiomoderation

Klassenstufe	9–10
Kompetenzen	inhaltliche Beiträge spontan und situationsgerecht formulieren
Zeitbedarf	20 min
Material	Themenzettel für die Zwischenmoderation
Einbindung in den Unterricht	Rhetorik, szenisches Sprechen, Reaktionsvermögen

Ziel ist das Sprechen kurzer Moderationsbeiträge ohne Vorbereitung im Rahmen einer Radiosendung.

MATERIALBESCHREIBUNG

Die Themenzettel für die Moderationsbeiträge (.s Kopiervorlage) beziehen sich auf unterschiedlichste Inhalte: Alltag, Wetter, Musik etc.

VORBEREITUNG

Benötigt werden ein CD-Player und Musik-CDs.

ABLAUF

In einer Radiosendung sollen, eingerahmt durch Musik, kurze inhaltliche Beiträge gesprochen werden, im zeitlichen Umfang von etwa 30 bis 45 Sekunden. Diese werden den Schülern durch Hinweiszettel kurzfristig „hereingereicht" und direkt in eine Moderation umgesetzt, sobald die Musik ausgeblendet wird.

VARIANTE 1

Zwei Schüler moderieren gemeinsam eine Minute als Duo und wechseln sich beim Sprechen ab. Dabei müssen sie sich geschickt aufeinander einstellen, z. B. durch Blickkontakt oder die Verabredung, nicht mehr als zwei Sätze am Stück zu sprechen.

Beispiel:

Zwei Schüler moderieren einen Beitrag zum Thema „Verkehrslage":

Schüler 1: *Liebe Zuhörer, und jetzt informieren wir Sie über die aktuelle Situation auf den Straßen. Da ist Einiges los heute Morgen.*

Schüler 2: *Und das ist nicht übertrieben. Der Berufsverkehr ist in vollem Gange.*

Schüler 1: *Während halb Deutschland auf dem Weg zur Arbeit ist, behalten wir im Studio hier den Überblick für Sie und ...*

Schüler 2: *... fangen an mit der A1 Richtung Trier. Hier ist bei Birkenfeld die rechte Spur blockiert. Ein LKW ist ins Schleudern geraten und umgekippt.*

Schüler 1: *Oh je, und die Bergung kann noch dauern. Weiter mit der A8 Richtung München.*

Schüler 2: *Hier hat sich Glatteis gebildet. Der Verkehr fließt nur zäh auf der Höhe von Augsburg. Planen Sie eine halbe Stunde mehr Zeit ein als sonst ...*

VARIANTE 2

Während der Moderation wird ein weiteres Thema vorgegeben, zu dem eine geschickte Überleitung gefunden werden muss.

KOPIERVORLAGE

Themenzettel für die Moderation

Die neue CD von Robbie Williams
Politskandal in Berlin: Minister hat jahrelang doppeltes Gehalt bezogen
Sensation: bisher unveröffentlichter Roman von Friedrich Schiller aufgetaucht
Bau einer wichtigen Autobahnbrücke verzögert sich weiter
Unerwarteter Wintereinbruch in Sachsen-Anhalt
Neuer Film mit Matthias Schweighöfer angelaufen
Horoskop des Tages: noch mehr Liebesglück für alle Hörer
Kurzinterview mit der Bundeskanzlerin
Mona Lisa aus dem Louvre in Paris gestohlen
Gerücht kursiert: Sommerferien sollen verkürzt werden
Zwei Elefanten aus dem Leipziger Zoo verschwunden. Wo sind sie?
Werbeeinlage für neues Duschgel – geeignet für Männer und Frauen
Die neuen Lottozahlen – und was man mit seinem Gewinn alles machen kann

Autor: Klaus Hoock – „Wörterflohmarkt" Lernspiele für Deutsch; Klasse 5–10 – Illustration: Antje Kahl

Oscar-Preisrede

Klassenstufe	9–10
Kompetenzen	sach- und adressatenbezogen sprechen
Zeitbedarf	45 min
Material	„Oscar" oder Pokal zum Überreichen; Preiskategorie
Einbindung in den Unterricht	Rhetorik, Redeanalyse, Verfassen von eigenen Reden

Ziel ist es, dass die Schüler entweder spontan oder vorbereitet eine kurze Dankesrede halten, indem sie auf einen gerade überreichten Preis reagieren.

MATERIALBESCHREIBUNG

Um die Authentizität einer Preisverleihung gut simulieren zu können, sollte tatsächlich ein Preis überreicht werden. Das kann auch ein lustiges Objekt sein – Hauptsache man kann es in Händen halten. Es ist Teil der Gestik beim Kurzvortrag.

VORBEREITUNG

Es müssen unterschiedliche Anlässe bereitgehalten werden, für die ein Preis vergeben wird. Diese sollten nicht auf das Thema „Film" beschränkt sein, damit verschiedene (lustige) Themen zum Zuge kommen, verbunden damit auch unterschiedliche Zielgruppen, an die die Dankesrede gerichtet wird.

ABLAUF

- Variante Spontanrede:
  Der Preis wird überreicht und die kurze Dankesrede (ca. eine Minute) wird ohne Vorbereitung vor der Klasse gehalten.
- Variante vorbereitete Rede:
  Der Anlass wird vorher bekannt gegeben und die Schüler machen sich ca. acht Minuten lang Notizen, bevor sie die Rede halten. Das macht Sinn, wenn entweder ein bestimmter Redeaufbau eingeübt oder gezielt komische Elemente eingeplant werden sollen, beispielsweise auch eine übersteigerte Emotionalität, wie man sie von solchen Preisverleihungen kennt.

Beispiel:
Anlass der Preisvergabe: Erfindung eines neues Fahrradtyps
Besonderheit: Fahrrad bestehend aus drei Rädern (hintereinander)
Zielgruppe im Plenum: Vertreter des Allgemeinen Deutschen Fahrrad-Clubs (ADFC)
Hilfsimpulse:

- Was bedeutet der Preis für mich?
- Wem danke ich?
- Wie sehe ich selbst meine Leistung/Erfindung?
- Wofür bin ich jetzt motiviert?

ALTERNATIVEN UND MÖGLICHKEITEN DER WEITERARBEIT

- Man kann beim Thema „Film" bleiben und die Kurzreden auf fiktive oder reale Filmtitel ausrichten. Die Reden gewinnen eine stärker inhaltlich motivierte Dimension.
- Es werden entsprechende Kurzreden analysiert (nicht nur sprachliche Darstellung, sondern audiovisuelle Darbietung): Überprüfung auf Gehalt und Niveau.

KOPIERVORLAGE

Mögliche Anlässe für die Preisverleihung

Preis für die beste männliche Hauptrolle Filmkomödie: Tarzan in der Kleinstadt Publikum: Filmliebhaber, Filmproduzenten und Schauspielerkollegen	**Preis für die beste weibliche Hauptrolle** Actionfilm: Powerwoman auf der Suche nach neuen Welten Publikum: Filmliebhaber, Filmproduzenten und Schauspielerkollegen	**Preis für die Erfindung eines neuen Fahrradtyps** Fahrrad mit drei Rädern (hintereinander) – bei einem Platten weiter nutzbar Publikum: Mitglieder des Allgemeinen Deutschen Fahrrad-Clubs (ADFC)
Preis für die beste Zirkusnummer Akrobatik: Vierfachsalto auf dem Hochseil Publikum: Vertreter des Europäischen Verbands für Akrobatik	**Preis für die leckerste Streichwurst** Neue Wurstmischung aus Fleisch und Marmelade Publikum: Mitglieder des Verbands der überregionalen Fleischerinnung	**Preis für das effektivste Fitnessgerät** Gerät, mit dem man ohne Anstrengung trainieren kann Publikum: Vertreter des Verbands für Fitness und Muskelaufbau
Preis für den schnulzigsten Schlager Titel: Meine Heimat bist du, ja du Publikum: Kollegen aus der Musikbranche, auch anderer Musikrichtungen	**Preis für literarischen Erfolg – Bestseller** Romantitel: Lange Tage, kurze Nächte Publikum: Literaturbegeisterte Käufer, Verleger und Schriftsteller	**Preis für spektakuläre Expeditionen** 100 Tage Selbsterfahrung in der Sahara Publikum: Naturfreaks, Outdoor-Urlauber und Vertreter der Freizeitindustrie
Preis für herausragende Leistungen im Sport Neuer Rekord auf 100 Meter: 9 Sekunden Publikum: Sportler, Sportfunktionäre	**Preis für ehrenamtliches Engagement** Helfer in allen Lebenslagen Publikum: Politiker aller Parteien, Vertreter der Sozialverbände	**Preis für musikalische Höchstleistung** Der Paganini des 21. Jahrhunderts (Violine) Publikum: Musiker aller Richtungen, Vertreter der Plattenfirmen

Autor: Klaus Hoock – „Wörterflohmarkt" Lernspiele für Deutsch: Klasse 5–10 – Illustration: Antje Kahl

Spiel 15–21

Kompetenzbereich „Schreiben“

Die Schlüsselkompetenz „Schreiben“ ist Gegenstand eines ganzen Schüler- bzw. Menschenlebens und hat zunächst einmal nicht die Tendenz, ein Spiel zu sein. Gerade hier ist es wichtig, zunächst mit **„Kleinformen“** zu spielen, denn das Verfassen längerer Texte wird von den Schülern schnell als Pseudo-Spiel entlarvt.

Fangen Sie damit an, auf der Basis der Buchstaben des Alphabets passende Begriffe finden zu lassen („Motto-ABC“) oder in unterschiedlichen Varianten den **Wortschatz** der Schüler zu erweitern („Akrostichon“, „Buchstabensätze“, „Tautogramm-Rolle“, „Abkürzungsneuheiten“). Hierbei können Sie thematische Schwerpunkte setzen bzw. bestimmte **Sachthemen** in den Mittelpunkt stellen.

Einen etwas längeren Text sollten Sie auf der Basis zentraler Vorgaben initiieren, damit die Schüler **attraktive Anlässe zum Schreiben** finden („A3-B17-C4-D8“) und zügig starten können.

Die „Kontaktanzeige“ – im weitesten Sinne zu verstehen – bietet nach dem Schreiben wieder einen Übergang zum Kompetenzbereich „Sprechen und Zuhören“ an.

Generell gilt: Variieren Sie gerade in diesem Kapitel die Aufgaben nach den Bedürfnissen Ihrer Lerngruppen (Schwierigkeitsgrad, Ausführlichkeit etc.).

Motto-Abc

Klassenstufe	5–7
Kompetenzen	Ausgangsbegriffe semantisch auffüttern bzw. ausweiten
Zeitbedarf	10 min
Material	Themenvorgaben
Einbindung in den Unterricht	Wortschatzerweiterung im Rahmen unterschiedlicher Themen, Festigung des Alphabets

Ziel des Spiels: Die Schüler finden am Alphabet entlang zahlreiche Begriffe zu einem Ausgangswort bzw. Thema und schreiben diese auf.

MATERIALBESCHREIBUNG

Die Wortvorgabe kann konkret sein („Nachtwanderung") oder auch abstrakt („Frieden"). Man kann das Spiel an bestimmten Punkten des Jahres einsetzen („Weihnachten", „Ferien") oder als Ideensammlung einer Textproduktion vorschalten („Insel der Abenteuer").

VORBEREITUNG

Der Lehrer wählt Begriffe aus, zu denen weitere Begriffe gefunden werden sollen. Die Verwendung eines Arbeitsblatts ist möglich, aber nicht zwingend – je nachdem, ob die Buchstaben des Alphabets vorgegeben sein sollen.

ABLAUF

Die Schüler überlegen sich allein oder zu mehreren passende Wörter zur Vorgabe. Diejenigen Schüler bzw. Gruppen, die zuerst fertig sind oder nach einer vorgegebenen Zeit (Empfehlung: drei Minuten) die meisten passenden Begriffe gefunden haben, sind die Gewinner.
Hinweise:

- Man muss wohl recht großzügig vorgehen und viele Begriffe, die auf assoziativem Wege entstehen, akzeptieren. Aber es gibt Grenzen. Sinnvoll ist es, hier eine Jury zu bilden, die im Zweifelsfall entscheiden darf.
- Die Kopiervorlage zeigt exemplarisch Begriffe mit unterschiedlichem Abstraktionsgrad. In der realen Situation können auch thematisch verwandte Begriffe kombiniert werden.

Beispiel:
vorgegebener Begriff: **Raumfahrt**

A: Astronaut
B: beamen
C: Captain
D: Dimension
E: erobern
F: Fähre
G: Galaxie
H: Hitzeschild
I: Invasion
J: Jupitermond
K: Kosmonauten
L: Laserschwert
M: Mondauto
N: neutralisieren
O: Orion
etc.

KOPIERVORLAGE

Motto-Abc: Themenvorgaben

	Wasser	Winter	Gefahr	Gerechtigkeit
A				
B				
C				
D				
E				
F				
G				
H				
I				
J				
K				
L				
M				
N				
O				
P				
Q				
R				
S				
T				
U				
V				
W				
X				
Y				
Z				

Akrostichon

Klassenstufe	5–8
Kompetenzen	treffende Charakterisierungen finden
Zeitbedarf	5 min
Material	Wortvorgaben
Einbindung in den Unterricht	Begriffsdefinition (Vorübung)

Ziel des Spiels ist die begriffliche Ausgestaltung einer Vorgabe; die Schüler sollen die Einzelbuchstaben eines Wortes als Anfangsbuchstaben neuer Begriffe verwenden, die zum Ausgangswort passen bzw. dieses treffend umreißen oder in einzelnen Eigenschaften repräsentieren.

MATERIALBESCHREIBUNG

Die Wortvorgaben können thematisch gebunden sein, sodass das Spiel zu unterschiedlichsten Unterrichtseinheiten passt (z. B. Tiere in Klasse 5, Abenteuer in Klasse 6, Erfindungen in Klasse 7, Presse in Klasse 8).

VORBEREITUNG

Der Lehrer hält Wortvorgaben mit Beispielen bereit.

ABLAUF

Die Schüler überlegen sich zunächst einzeln mögliche Akrosticha. Je nach Wunsch können diese dann in Gruppen oder im Plenum vorgetragen oder einfach ausgelegt werden, sodass die Schüler beim Herumgehen die Ideen der Mitschüler lesen können.

Beispiel:

ADLER
Argusauge
Durchsetzungsstark
Luft
Eleganz
Ruhe

TELEFON
Tarif
Erzählen
Lästern
Endlos
Frauenstimme
Ohrmuschel
Nächtelang

VARIANTE

Die Namen der Schüler werden als Vorgabe verwendet mit der Aufgabe, positive Eigenschaften dazu aufzuschreiben (Entwicklung einer am Loben orientierten Feedbackkultur im Sinne des sozialen Miteinanders).

Buchstabensätze

Klassenstufe	5–8
Kompetenzen	vollständige Sätze bilden
Zeitbedarf	10 min
Material	Vorgabe von Buchstaben
Einbindung in den Unterricht	Satzlehre, Satzarten

Ziel des Spiels ist die Entwicklung von Sätzen, indem die Schüler aus vorgegebenen Buchstaben Wörter bilden, die syntaktisch zusammengefügt werden.

MATERIALBESCHREIBUNG

Die Menge der vorgegebenen Buchstaben bestimmt die Länge bzw. Komplexität des Satzes.

VORBEREITUNG

Der Lehrer oder auch die Schüler überlegen sich Buchstabenfolgen.

ABLAUF

- Die Schüler bilden Sätze aus den Buchstabenkombinationen.
  Beispiel:
  ISGITZB = Im Sommer gehe ich täglich zum Baggersee.
- Gleichzeitig kann auch vorgegeben werden, ob ein Aussagesatz, Fragesatz oder Aufforderungssatz entstehen soll.
  Beispiele:
  WBDZDFG? = Wie bist du zu diesem Fahrrad gekommen?
  MNSWESA! = Mach nicht schon wieder einen solchen Aufstand!
- Man kann auch gezielt lustige bzw. unsinnige Sätze schreiben lassen.
  Beispiel:
  HHHEDV? = Hat Henry heute einen Dinosaurier verschluckt?
  Bei dieser Ausrichtung treten in Gruppen vier Schüler gegeneinander an, die auf Basis derselben Buchstabenkombination den „lustigsten" Satz schreiben. Die Gewinner aus den Gruppen wiederum treffen in einer weiteren Runde aufeinander. Der Sieger wird am Ende durch Applaus ermittelt.

VARIANTE

Eventuell könnte man versuchen, einen zusammenhängenden Text schreiben zu lassen, indem man nach jedem Satz das bisher Geschriebene weitergibt, sodass der nächste Schüler mit seiner Buchstabenfolge inhaltlich anknüpfen kann. Das ist aus der Erfahrung aber nicht leicht.

Tautogramm-Rolle

Klassenstufe	6–8
Kompetenzen	Wörter mit gleichem Anfangsbuchstaben finden und zu einem Satz formen
Zeitbedarf	10 min
Material	–
Einbindung in den Unterricht	Wortschatzerweiterung, Stilfiguren (Tautogramm als erweiterte Alliteration)

Ziel des Spiels ist die Bildung einer Spirale aus Tautogrammen, an der mehrere Schüler mitarbeiten, sodass im Idealfall eine kurze „Geschichte" entsteht.

MATERIALBESCHREIBUNG

Die Erfahrung zeigt, dass die Bindung an einen Buchstaben schwieriger ist, als man zunächst denkt. Besonders die Pronomen können oft nicht so gesetzt werden, wie man sie eigentlich braucht.

VORBEREITUNG

Man benötigt weißes (nicht liniertes) Papier und die Vorgabe von Buchstaben oder einem Thema.

ABLAUF

Vier bis fünf Schüler schreiben zusammen eine Tautogramm-Rolle, und zwar von innen nach außen. Dabei darf jeder Schüler einen eigenen Buchstaben wählen, den er für jedes Wort beibehalten muss. Er darf auch denselben Buchstaben wie sein Vor-Schreiber nutzen, allerdings wird es dann schwieriger, neue Wörter zu finden. Sinnhaftigkeit kann angestrebt, muss aber nicht zwingend erreicht werden.

Beispiel:

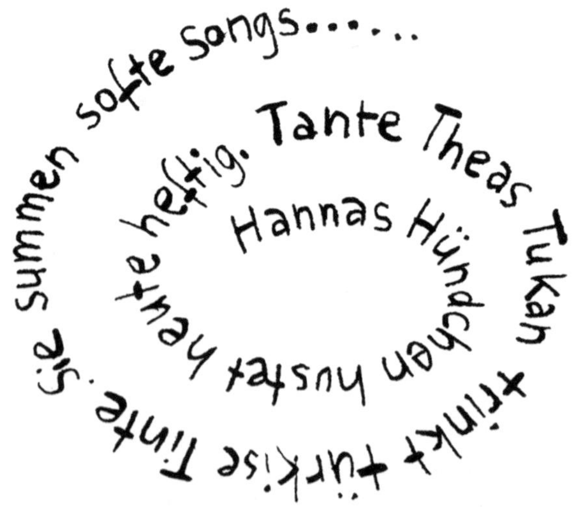

VARIANTE

Zur Vereinfachung kann die Buchstaben-Bindung nur für Substantive, Verben und Adjektive gelten, die anderen Wortarten („kleine Wörter") werden freigegeben. Das schafft deutlichen Spielraum zum zügigeren und zusammenhängenden Schreiben.

A3-B17-C4-D8

Klassenstufe	5–10
Kompetenzen	nach Vorgaben einen Text planen und verfassen
Zeitbedarf	30–45 min
Material	–
Einbindung in den Unterricht	Schreibdidaktik, Erzählen nach Reizwörtern, Erstellen und kreatives Umsetzen eines Schreibplans

Ziel des Spiels ist die Entstehung eines individuellen Textes. Die Schüler dürfen auf der Basis von zufällig ausgewählten Vorgaben (Schauplatz, Figuren, Ereignis, weiterer Umstand) einen Text planen und ausformulieren, wobei die willkürliche, zunächst (scheinbar) unpassende Kombination der Vorgaben zu einem kreativen, lustigen Schreibprozess führen soll.

MATERIALBESCHREIBUNG

Die Vorgaben bieten einen konkreten Schreibanlass und liefern bereits mehrere zu berücksichtigende Inhalte, sodass das kreative Schreiben recht zügig in Gang kommen kann.

VORBEREITUNG

Die Schreibmatrix (siehe Kopiervorlage auf der folgenden Seite), die nicht jeder Schüler persönlich in Händen halten muss, kann bei den Unterlagen des Lehrers verbleiben oder als Gesamtübersicht im Klassenzimmer deponiert werden. Für die vorgesehene zufällige Inhaltsauswahl sollte sie sowieso nicht ständig öffentlich sichtbar sein, da sonst die Inhalte gezielt herausgesucht werden. Die Angaben in der Schreibmatrix – auf Kärtchen gedruckt – könnten nach dem Zufallsprinzip ausgegeben werden.

ABLAUF

1. Die Schüler erhalten individuell ihre Schreibvorgaben, indem sie zu jeder Spalte (A = Schauplatz, B = Hauptfigur/en, C = Kernthema, D = weiterer Umstand) eine Zahl zwischen 1 und 20 nennen, also bspw. A3-B17-C4-D8. Dadurch ist festgelegt: Wartezimmer beim Arzt + unverbesserlicher Pessimist + jemand ändert sein Leben + Reifenpanne.
2. Auf Basis dieser Vorgaben notieren sich die Schüler in Stichworten, wie ihre Geschichte strukturiert sein soll und welche weiteren Figuren bzw. Handlungselemente dazukommen (Schreibplan).
3. Der Text wird geschrieben.
4. Einige Texte werden vorgelesen. Mitschüler können erraten, welche Vorgaben am Anfang standen (Hörauftrag).

ALTERNATIVEN UND MÖGLICHKEITEN DER WEITERARBEIT

Es ist natürlich auch möglich, die einzelnen Vorgaben aus der Matrix bewusst auswählen zu lassen, um den Neigungen der Schüler in dieser Situation entgegenzukommen. Eine Einbindung in schreibdidaktische Unterrichtseinheiten ist vielseitig gegeben (Fantasieerzählung, Erzählen nach Reizwörtern, Konzeption des Spannungsverlaufs), allerdings ist die Nutzung der (erweiterbaren) Schreibmatrix auch für das kreative Schreiben zu jeder Zeit einsetzbar (individuelle Förderung im Rahmen von Werkstattstunden, freie Lernzeiten in der Ganztagsschule).

KOPIERVORLAGE

Schreibmatrix

	A	B	C	D
	Schauplatz	**Hauptfigur/en**	**Kernthema**	**weiterer Umstand**
1	Griechisches Restaurant	15-jähriger Junge	spontane Hochzeit	heftiger Regenschauer
2	Gebirge	ängstliche Rechtsanwältin	politischer Umsturzversuch	verlorener Geldbeutel
3	Wartezimmer beim Arzt	pensionierter Polizist	Einbruch in ein öffentliches Gebäude	Erschöpfung
4	Insel im Pazifik	gehetzter Chirurg	jemand ändert sein Leben	Fahrradunfall
5	Autobahnraststätte	sehr neugierige Journalistin	Entführung mit Folgen	Stromausfall
6	Scheune	junge Frau im Rollstuhl	Mord und eine weitere Straftat	peinliche Begegnung
7	Schwimmbad	eineiige Zwillinge	alte Freunde finden sich wieder	Hitzewelle
8	Amsterdam	entflohener Papagei	Menschen lernen sich neu (anders) kennen	Reifenpanne
9	Feldweg	verwirrter feiner Herr	Vegetarier isst wieder Fleisch	erfreuliches Wiedersehen
10	Metzgerei	sehr kluge Katze	lustige Verwechslung	Gegenstand verschwindet
11	Vergnügungspark	ungeschickter Taschendieb	Lüge bringt den Lügner in Not	merkwürdige SMS
12	Friedhof	drei Brüder	schwierige Prüfung	Drohung
13	Flugzeug	mutiger Hausmeister	altes Rätsel wird gelöst	falsche Handynummer
14	Schrebergartensiedlung	blinder Passagier	Traum geht in Erfüllung	starke Grippe
15	Speicher einer Schule	beste Freundin	arme Familie wird reich	abgebrochener Schlüssel
16	Autobahn	unfreundlicher Busfahrer	unerwartete Liebe beginnt	Vergesslichkeit
17	Bahnhofstoilette	unverbesserlicher Pessimist	Feinde vertragen sich	zusätzlicher Termin
18	Zoo	aufmerksame Passantin	Treffen mit prominenter Person	spontaner Kuss
19	Geisterbahn	friedlicher Löwe	Vertuschungsversuch scheitert	Lottogewinn
20	New York	Mutter mit Kind	Rettung aus schwieriger Lage	starke Windböen

Autor: Klaus Hoock – „Wörterflohmarkt" Lernspiele für Deutsch: Klasse 5–10

Abkürzungsneuheiten

Klassenstufe	7–10
Kompetenzen	bekannte Abkürzungen durch einen kreativen, lustigen Einfall inhaltlich neu füllen
Zeitbedarf	5 min
Material	Liste mit Abkürzungen
Einbindung in den Unterricht	Abkürzungen, Kurzwörter, Sprachökonomie, Sprachwitz

Ziel des Spiels ist es, eine bestimmte Anzahl von Abkürzungen durch lustige und/oder kritische Ideen neu auszuschreiben und zu präsentieren.

MATERIALBESCHREIBUNG

Es werden bereits bekannte Abkürzungen verwendet, die aus verschiedenen Bereichen entnommen werden können (Politik, Markennamen etc.). Durch den Umstand, dass die eigentliche Bedeutung bekannt ist, ergibt sich mit der Neuformulierung ein reizvoller Kontrast.

VORBEREITUNG

Es wird eine Liste mit zehn Abkürzungen angefertigt und vervielfältigt. Die Abkürzungen können auch von den Schülern wechselseitig genannt und notiert werden.

ABLAUF

1. Die Liste mit Abkürzungen wird verteilt und die eigentliche Bedeutung der jeweiligen Abkürzung besprochen.
2. Jeder Schüler erfindet selbst neue Bedeutungen. Bei Bedarf der gegenseitigen Unterstützung kann auch zu zweit überlegt und aufgeschrieben werden.
3. Die neuen Abkürzungen werden zum allseitigen Vergnügen vorgelesen.

Beispiel:
FAQ = frag altmodischen Quatsch
ARD = alle reden deutlich
GmbH = Gasse mit brüchigen Häusern
AEG = am eigenen Gefrierschank
BMW = Bremsen mit Wucht
BGB = bis ganz bald

ALTERNATIVEN UND MÖGLICHKEITEN DER WEITERARBEIT

- Es werden unterschiedliche Formen von Abkürzungen behandelt: Kurzwörter (Akronyme, Initialwörter), Buchstabenketten, Kürzel und Codes.
- Der Schwierigkeitsgrad wird erhöht (Klasse 10): (Lyrische) Texte mit vielen Abkürzungen schreiben oder Abkürzungen als Reimwörter in eigene oder bekannte Gedichte einbauen.

Kontaktanzeige

Klassenstufe	8–10
Kompetenzen	einen kurzen, formalisierten, linearen Text verfassen (appellierend, humorvoll); Gesprächsform „Dialog“ praktizieren
Zeitbedarf	15 min (Text verfassen) + 20 min Rollengespräche (Folgestunde – zeitliche Ausdehnung möglich)
Material	Arbeitsblatt, Muster Kontaktanzeige
Einbindung in den Unterricht	zweckgebundenes Schreiben, Textsorte Satire, Rollengespräche

Ziel des Spiels ist das Verfassen einer witzigen Kontaktanzeige, die auch als Gesprächsanlass für eine gespielte Paarbegegnung dienen kann.

MATERIALBESCHREIBUNG

Die Leitfragen auf dem Arbeitsblatt (siehe folgende Seite) sowie das Kontaktanzeigen-Muster dienen als Unterstützung bzw. Vorlage für eine eigene Kontaktanzeige, die sich strukturell eng am Beispiel orientieren oder sich von diesem abheben kann, je nach Kreativität der Schüler. Es geht nicht primär um eine Anzeige für die Suche nach einem Beziehungspartner, sondern vielmehr um die Suche nach jemandem, der bestimmte Bedürfnisse bedienen kann bzw. spezifische Interessen teilen möchte.

VORBEREITUNG

Das Arbeitsblatt wird für alle Schüler vervielfältigt.

ABLAUF

Das Gesamtvorhaben sowie die einzelnen Teilschritte werden ausführlich erläutert:

1. Verfassen einer individuellen Kontaktanzeige durch jeden Schüler mit dem Ziel, einen witzigen kurzen Text zu schreiben, der sich nicht mit den eigentlichen persönlichen Neigungen decken muss bzw. soll
2. Hausaufgabe: Kontaktanzeige tippen und ausdrucken
3. Auslegen der Kontaktanzeigen; Lesephase (Herumlaufen)
4. Paarfindung mit Partnergespräch (Ideen sammeln für Rollengespräch)
5. Rollengespräche im Plenum

VARIANTEN

- Reizvoll ist das Verfassen schriftlicher Reaktionen auf die Anzeigen unter Bezugnahme auf einzelne Inhalte (z. B. Nachfragen, Provokationen).
- Kommunikativ spannend ist die Bildung einer „Kontaktgruppe“, moderiert durch einen Leiter, der Impulse setzt, die sich aus den Kontaktanzeigen ergeben.

ALTERNATIVEN UND MÖGLICHKEITEN DER WEITERARBEIT

Denkbar ist die literarische Ausarbeitung einzelner Charaktere für eine Kurzgeschichte. Die Kontaktanzeigen sind Schreibanlass für eine fiktive Begegnung zweier Figuren. Dabei können die Informationen in den Anzeigen literarisch „ausgebaut“ werden (etwa weiter ins Humorvolle gesteigert oder auch ins Ernsthafte gewendet).

KOPIERVORLAGE

Name: ________________________ Datum: ____________

Kontaktanzeige (Muster)

Mädchen, 15 Jahre, sucht Partner(in) für Gespräche über Gott und die Welt. Ich rede gerne viel und mag es, wenn man mir stundenlang zuhört und mir dabei in die Augen schaut. Du solltest geduldig und unermüdlich sein. Wenn du das nötige Sitzfleisch mitbringst, kannst du viel von mir profitieren. Ich biete tiefe Gedanken an, die sich ständig weiterentwickeln. Lieblingsthemen sind: das Universum und woher es kommt, die Rolle des Buddhismus für meine persönliche Lebensgestaltung sowie die Spielsachen aus der frühen Kinderzeit und warum ich sie niemals weggeben möchte. Du bist interessiert? Dann nimm diese Anzeige an dich und frage nach „Siddharta“.

Aufgabe
Gestalte eine witzige bzw. hintergründige Kontaktanzeige. Stelle dir dabei möglichst konkret vor, in welche Rolle du als Suchender deiner Anzeige schlüpfen möchtest. Das sollst nicht du selbst sein, sondern eine Person, die du dir ausdenkst. Bedenke auch: Welche „Macken“ hat das Ich deiner Anzeige?

Leitfragen für deine Kontaktanzeige
- Wer bist du? Geschlecht? Alter?
- Wen suchst du? Wofür?
- Was ist dir wichtig?
- Welche Anforderungen soll dein/e „Partner/in“ erfüllen?

Notizen/Entwurf – bitte abtippen und nächste Stunde mitbringen:

____

____

____

____

____

____

Autor: Klaus Hoock – „Wörterflohmarkt“ Lernspiele für Deutsch, Klasse 5–10

Spiel 22–28

Kompetenzbereich „Lesen – mit Texten und Medien umgehen“

Das Spektrum an Spielen setzt in diesem Kompetenzfeld beim **Training der Lesetechnik** ein („Schriftarten decodieren“, „Blicksprung trainieren“, „Blickspanne weiten“). Hierfür werden Kopiervorlagen mit Übungsmaterial angeboten, das sich in dieser Form in den gängigen Lehrwerken (fast gar) nicht wiederfindet und somit eine echte Ergänzung darstellt. Es ist wichtig, auch auf der weiterführenden Schule gezielt an der **Verbesserung der Leseflüssigkeit** der Schüler zu arbeiten und sie nicht dem Zufall zu überlassen.

Das Spiel „Texte entflechten“ kombiniert ein Gedicht und einen Sachtext, deren Rekonstruktion die spezifischen **sprachlichen Merkmale der unterschiedlichen Textsorten** ins Auge fallen lässt. In ähnlicher Weise ist das auch so bei dem Spiel „Texte unter der Lupe“.

Das Spektrum der verschiedenen **Medien** (Literatur, Film, Theater, Presseartikel etc.) wird in den weiteren Spielen aufgegriffen („Stadt Land ... Film Roman“, „Der große Medienpreis“) und in unterschiedlicher Weise thematisiert. Gerade hier können Sie viel von den Schülern erfahren und in einen Austausch über deren mediales Interesse eintreten.

Schriftarten decodieren

Klassenstufe	5–7
Kompetenzen	flüssiges und sinnbezogenes Lesen trainieren
Zeitbedarf	10 min
Material	Arbeitsblatt
Einbindung in den Unterricht	Lesen: Lesetechnik; Abenteuerroman

Ziel des Spiels ist es, dass die Schüler ihre Lesefertigkeit trainieren, indem sie Textabschnitte vorlesen, die in eher fremden bzw. „weniger gefälligen“ Schriftarten realisiert sind und dadurch ein konzentriertes Lesen erfordern.

MATERIALBESCHREIBUNG

Die Lesevorlage (siehe Arbeitsblatt auf den folgenden beiden Seiten) enthält einen zusammenhängenden Text bzw. Textausschnitt (hier der Romananfang von „Robinson Crusoe“). Der Text ist in etwa gleichlange Abschnitte gegliedert, damit ein regelmäßiger Wechsel der Leser leicht erfolgen kann und auch die Orientierung im Text erleichtert wird. Entscheidend sind die gewählten Schriftarten. Sie begegnen den Schülern eher selten und haben die Tendenz, etwas Mühe beim „Entziffern“ zu verursachen, weil sie entweder nur aus Großbuchstaben bestehen oder in gerundetem Fettdruck realisiert sind. Die Anordnung der gewählten Schriftarten sollte tendenziell in steigender Schwierigkeit beim Decodieren gewählt werden. Im vorliegenden Beispiel finden sich folgende Schriftarten, die aber austauschbar sind:

BANK GOTHIC, *Algerian*, **STENCIL STD**, Harrington, **MAGNETO**, Curlz MT, **Playbill**, *Zapfino*

VORBEREITUNG

Die Lehrkraft kopiert die Lesevorlage in Klassenstärke, damit jeder Schüler ein eigenes Exemplar zum Vor- bzw. Mitlesen hat.

ABLAUF

Die Schüler sitzen in Gruppen zu etwa vier Personen zusammen und lesen abwechselnd. Wenn sie gerade nicht selbst lesen, sind sie in der Rolle des stillen Mitlesenden, d. h., sie entziffern ebenfalls die Wörter der Textvorlage. Abschnittsweise wird gewechselt. Der Schüler, der gerade gelesen hat, wählt den nachfolgenden Leser aus. Lesefehler führen nicht zu Unterbrechungen. Lesefehler, die zu Verständnisproblemen führen, werden in der Gruppe am Ende des kompletten Lesedurchlaufs geklärt.

ALTERNATIVEN UND MÖGLICHKEITEN DER WEITERARBEIT

Lesetechnik üben: Die Schüler können den Romanfortgang wie auch andere Texte selbst fortführen, indem sie eine Lesevorlage gestalten (Schriftarten selbst auswählen und Text formatieren).
Robinson Crusoe: Der Roman selbst kann Gegenstand des Unterrichts sein, beispielsweise in Form einer Buchvorstellung oder als gemeinsame Lektüre (etwa in Klasse 7).

KOPIERVORLAGE

DANIEL DEFOE: ROBINSON CRUSOE (ROMANANFANG)

Ich bin geboren zu York im Jahre 1632, als Kind angesehener Leute, die ursprünglich nicht aus jener Gegend stammten. Mein Vater, ein Ausländer, aus Bremen gebürtig, hatte sich zuerst in Hull niedergelassen, war dort als Kaufmann zu hübschem Vermögen gekommen und dann, nachdem er sein Geschäft aufgegeben hatte, nach York gezogen. Hier heirathete er meine Mutter, eine geborene Robinson. Nach der geachteten Familie, welcher sie angehörte, wurde ich Robinson Kreuznaer genannt. In England aber ist es Mode, die Worte zu verunstalten, und so heissen wir jetzt Crusoe, nennen und schreiben uns sogar selbst so, und diesen Namen habe auch ich von jeher unter meinen Bekannten geführt.

Ich hatte zwei ältere Brüder. Der eine von ihnen, welcher als Oberstlieutenant bei einem englischen, früher von dem berühmten Oberst Lockhart befehligten Infanterieregiment in Flandern diente, fiel in der Schlacht bei Dünkirchen. Was aus dem jüngeren geworden ist, habe ich ebensowenig in Erfahrung bringen können, als meine Eltern je Kenntniß von meinen eignen Schicksalen erhalten haben.

SCHON IN MEINER FRÜHEN JUGEND STECKTE MIR DER KOPF VOLL VON PLÄNEN ZU EINEM UMHERSCHWEIFENDEN LEBEN. MEIN BEREITS BEJAHRTER VATER HATTE MICH SO VIEL LERNEN LASSEN, ALS DURCH DIE ERZIEHUNG IM HAUSE UND DEN BESUCH EINER FREISCHULE AUF DEM LANDE MÖGLICH IST. ICH WAR FÜR DAS STUDIUM DER RECHTSGELEHRSAMKEIT BESTIMMT. KEIN ANDERER GEDANKE ABER IN BEZUG AUF MEINEN KÜNFTIGEN BERUF WOLLTE MIR BEHAGEN ALS DER, SEEMANN ZU WERDEN. DIESES VORHABEN BRACHTE MICH IN SCHROFFEN GEGENSATZ ZU DEN WÜNSCHEN UND BEFEHLEN MEINES VATERS UND DEM ZUREDEN MEINER MUTTER, WIE AUCH SONSTIGER MIR FREUNDLICH GESINNTER MENSCHEN. ES SCHIEN, ALS HABE DAS SCHICKSAL IN MEINE NATUR EINEN UNWIDERSTEHLICHEN DRANG GELEGT, DER MICH GERADES WEGS IN KÜNFTIGES ELEND TREIBEN SOLLTE.

Mein Vater, der ein verständiger und ernster Mann war, durchschaute meine Pläne und suchte mich durch eindringliche Gegenvorstellungen von denselben abzubringen. Eines Morgens ließ er mich in sein Zimmer, das er wegen der Gicht hüten mußte, kommen und sprach sich über jene Angelegenheit mit großer Wärme gegen mich aus. »Was für andere Gründe«, sagte er, »als die bloße Vorliebe für ein unstetes Leben, können dich bewegen, Vaterhaus und Heimat verlassen zu wollen, wo du dein gutes Unterkommen hast und bei Fleiß und Ausdauer in ruhigem und behaglichem Leben dein Glück machen kannst.

Nur Leute in verzweifelter Lage, oder solche, die nach grossen Dingen streben, gehen ausser Landes auf Abenteuer aus, um sich durch Unternehmungen empor zu bringen und berühmt zu machen, die ausserhalb der gewöhnlichen Bahn liegen. Solche Unternehmungen aber sind für dich entweder zu hoch oder zu gering. Du gehörst in den Mittelstand, in die Sphäre, welche man die höhere Region des gemeinen Lebens nennen könnte. Die aber ist, wie mich lange Erfahrung gelehrt hat, die beste in der Welt; in ihr gelangt man am sichersten zu irdischem Glück. Sie ist

Autor: Klaus Hoock – „Wörterflohmarkt" Lernspiele für Deutsch: Klasse 5–10

KOPIERVORLAGE

WEDER DEM ELEND UND DER MÜHSAL DER NUR VON HÄNDEARBEIT LEBENDEN MENSCHENKLASSE AUSGESETZT, NOCH WIRD SIE VON DEM HOCHMUTH, DER UEPPIGKEIT, DEM EHRGEIZ UND DEM NEID, DIE IN DEN HÖHEREN SPHÄREN DER MENSCHENWELT ZU HAUSE SIND, HEIMGESUCHT.«

„Am besten“, fügte er hinzu, „kannst du die Glückseligkeit des Mittelstandes daraus erkennen, daß er von Allen, die ihm nicht angehören, beneidet wird. Selbst Könige haben oft über die Mißlichkeiten, die ihre hohe Geburt mit sich bringt, geklagt und gewünscht, in die Mitte der Extreme zwischen Hohe und Niedrige gestellt zu sein. Auch der Weise bezeugt, daß jener Stand der des wahren Glückes ist, indem er betet: ‚Armuth und Reichthum gib mir nicht‘.“

»Habe nur darauf Acht«, fuhr mein Vater fort, »so wirst du finden, daß das Elend der Menschheit zumeist an die höheren und niederen Schichten der Gesellschaft vertheilt ist. Die, welche in der mittleren leben, werden am seltensten vom Mißgeschick getroffen, sie sind minder den Wechselfällen des Glücks ausgesetzt, sie leiden bei weitem weniger an Mißvergnügen und Unbehagen des Leibes und der Seele wie jene, die durch ausschweifend üppiges Leben auf der einen, durch harte Arbeit, Mangel am Notwendigen oder schlechten und unzulänglichen Lebensunterhalt auf der anderen Seite, in Folge ihrer natürlichen Lebensstellung geplagt sind. Der Mittelstand ist dazu angethan, alle Arten von Tugenden und Freuden gedeihen zu lassen. Friede und Genügsamkeit sind im Gefolge eines mäßigen Vermögens.

Gemüthsruhe, Geselligkeit, Gesundheit, Mäßigkeit, alle wirklich angenehmen Vergnügungen und wünschenswerten Erheiterungen sind die segensreichen Gefährten einer mittleren Lebensstellung. Auf der Mittelstraße kommt man still und gemächlich durch die Welt und sanft wieder heraus, ungeplagt von allzu schwerer Hand- oder Kopfarbeit, frei vom Sklavendienst ums tägliche Brod, unbeirrt durch verwickelte Verhältnisse, die der Seele die Ruhe, dem Leib die Rast entziehen, ohne Aufregung durch Neid, oder die im Herzen heimlich glühende Ehrbegierde nach großen Dingen. Dieser Weg führt vielmehr in gelassener Behaglichkeit durch das Dasein, gibt nur dessen Süßigkeiten, nicht aber auch seine Bitternisse zu kosten, er läßt die auf ihm wandeln mit jedem Tage mehr erfahren, wie gut es ihnen geworden ist.«

Daniel Defoe (1869): Leben und Abenteuer des Robinson Crusoe. Aus dem Englischen übertragen von Karl Altmüller. Verlag des Bibliographischen Instituts: Hildburghausen. S. 9–10. *Rechtschreibung nicht angepasst.*

Autor: Klaus Hoock – „Wörterflohmarkt“ Lernspiele für Deutsch; Klasse 5–10

Blicksprung trainieren

Klassenstufe	5–8
Kompetenzen	flüssiges und sinnbezogenes Lesen trainieren
Zeitbedarf	10 min
Material	Arbeitsblatt
Einbindung in den Unterricht	Lesen: Lesetechnik; Kalendergeschichten

Ziel des Spiels ist die Verbesserung der Lesetechnik im Hinblick auf zusammenhängendes Lesen. Die gesetzten Textlücken erfordern eine besonders hohe Konzentration, damit das Auge diese Lücken überbrücken kann.

MATERIALBESCHREIBUNG

Die konkret ausgewählten Lesevorlagen (siehe die folgenden beiden Seiten) sind für die Klassen 7 und 8 geeignet, da die Schüler hier in der Regel schon recht gut lesen können, sodass sie das Blicksprungtraining in Kombination mit den sprachlichen Eigenheiten des Textes (historische Distanz) bewältigen können. Mit der Auswahl leichter zugänglicher Texte ist die Methode auch sehr gut für die Klassen 5 und 6 geeignet.
Das Mittagessen im Hof: Lücken eng; Blicksprung gering
Das wohlfeile Mittagessen: etwas größerer Blicksprung erforderlich

VORBEREITUNG

Die Lehrkraft kopiert die Texte bedarfsorientiert.

ABLAUF

Die Arbeitsblätter können für das individuelle spielerische Üben herausgegeben werden. Aber auch das Lesen in kleinen Gruppen ist möglich. Der Spaß an der Herausforderung lässt sich am besten gemeinsam erleben. Hier sollte kein Wettbewerbscharakter angelegt werden.

ALTERNATIVEN UND MÖGLICHKEITEN DER WEITERARBEIT

Texte unterschiedlicher inhaltlicher oder unterschiedlich komplexer sprachlicher Ausrichtung lassen sich leicht mit den „Blicksprung-Lücken“ herstellen und dadurch in den Unterricht einbinden. Im vorliegenden Beispiel bietet sich natürlich auch eine Auseinandersetzung mit der jeweiligen Aussage der Kalendergeschichten an. Im Sinne eines integrierenden Deutschunterrichts lässt sich das Training der Lesetechnik mit kurzen erzählenden Texten gut kombinieren.

KOPIERVORLAGE

Johann Peter Hebel: Das Mittagessen im Hof

Man klagt häufig darüber,	wie schwer und	unmöglich es sei, mit
manchen Menschen	auszukommen. Das	mag denn freilich
auch wahr sein. Indessen	sind viele von solchen	Menschen nicht
schlimm, sondern nur	wunderlich, und wenn	man sie nur immer
recht kennete, inwendig und	auswendig, und recht	mit ihnen
umzugehen wüßte, nie zu	eigensinnig und nie zu	nachgiebig, so wäre
mancher wohl und leicht zur	Besinnung zu bringen.	Das ist doch einem
Bedienten mit seinem Herrn	gelungen. Dem konnte	er manchmal gar
nichts recht machen und mußte	vieles entgelten, woran	er unschuldig war,
wie es oft geht. So kam einmal	der Herr sehr	verdrießlich nach
Hause und setzte sich zum	Mittagessen. Da	war die Suppe zu
heiß oder zu kalt oder keines	von beiden; aber genug,	der Herr war
verdrießlich. Er faßte daher	die Schüssel mit dem,	was darinnen war,
und warf sie durch das offene	Fenster in den Hof	hinab. Was tat
hierauf der Diener? Kurz	besonnen warf er das	Fleisch, welches er
eben auf den Tisch stellen	wollte, mir nichts, dir	nichts, der Suppe
nach auch in den Hof hinab,	dann das Brot, dann	den Wein und
endlich das Tischtuch mit	allem, was noch darauf	war. „Verwegener,
was soll das sein?“ fragte	der Herr und fuhr mit	drohendem Zorn von
dem Sessel auf. Aber	der Bediente erwiderte	ganz kalt und ruhig:
„Verzeihen Sie mir, wenn	ich Ihre Meinung	nicht erraten habe.
Ich glaubte nicht anders, als	Sie wollten heute in	dem Hofe speisen.
Die Luft ist so heiter, der	Himmel so blau, und	sehen Sie nur, wie
lieblich der Apfelbaum	blüht, und wie fröhlich	die Bienen ihren
Mittag halten!“ – Diesmal	die Suppe hinabgeworfen	und nimmer! Der
Herr erkannte seinen	Fehler, heiterte sich	im Anblick des
schönen Frühlingshimmels	auf, lächelte heimlich	über den schnellen
Einfall seines Aufwärters und	dankte ihm im Herzen	für die gute Lehre.

Johann Peter Hebel (1811): Das Mittagessen im Hof. In: Schatzkästlein des rheinischen Hausfreundes. Verlag Cotta: Tübingen. S. 57/58. *Rechtschreibung behutsam angepasst.*

Autor: Klaus Hoock – „Wörterflohmarkt“ Lernspiele für Deutsch; Klasse 5–10

KOPIERVORLAGE

Johann Peter Hebel: Das wohlfeile Mittagessen

Es ist ein altes
Grube gräbt, fällt
in einem gewissen
Zu diesem kam ein
verlangte er für
Hierauf forderte
Gemüs für sein Geld.
auch ein Glas Wein
Gast, „wenn ich etwas
Nachdem er sich alles
abgeschliffenen Sechser
Wirt, ist mein Geld."
heißen? Seid Ihr mir
erwiderte: „Ich habe
verlangt, sondern für
hab' ich nicht. Habt
Eure Schuld." –
her. Es gehörte
unbekümmertes
werde. Aber das
durchtriebener Schalk",
etwas anders verdient.
Mittagessen und hier
kreuzerstück dazu.
meinem Nachbarn,
ebenso!" Das sagte
Bärenwirt, aus
andern jeglichen
erwiderte. Aber
einen Hand nach
vorsichtig nach der
Abend und sagte:
bin ich schon
geschickt und kein
So waren im
der dritte hatte
Kunde hätte sich
von beiden verdient,
gezogen und sich
ernährt, aber Unfrieden

Sprichwort:
selber darein.
Städtlein war
wohlgekleideter Gast.
sein Geld eine gute
er auch ein Stück
Der Wirt fragte ganz
beliebe? „O freilich
Gutes haben kann
wohl hatte schmecken
aus der Tasche und
Der Wirt sagte:
nicht einen Taler
für keinen Taler
mein Geld. Hier
Ihr mir zu viel dafür
Dieser Einfall war
nur Unverschämtheit
Gemüt, wie es
Beste kommt noch
erwiderte der Wirt,
Aber ich schenke
noch ein
Nur seid stille zur
dem Bärenwirt,
er, weil er mit seinem
Brotneid in Unfrieden
Tort und Schimpf
der schlaue Gast
dem angebotenen
Türe, wünschte
„Bei Eurem Nachbarn,
gewesen, und eben
anderer."
Grunde beide
den Nutzen davon.
noch obendrein
wenn sie eine gute
miteinander ausgesöhnt
verzehrt.

Wer andern eine
– Aber der Löwenwirt
schon vorher darin.
Kurz und trotzig
Fleischsuppe.
Rindfleisch und ein
höflich: ob ihm nicht
ja!" erwiderte der
für mein Geld."
lassen, zog er einen
sagte: „Hier, Herr
„Was soll das
schuldig?" Der Gast
Speise von Euch
ist mein Geld. Mehr
gegeben, so ist's
eigentlich nicht weit
dazu und ein
am Ende ablaufen
„Ihr seid ein
„und hättet wohl
Euch das
Vierundzwanzig-
Sache und geht zu
und macht es ihm
Nachbarn, dem
lebte und einer dem
gerne antat und
griff lächelnd mit der
Geld, mit der andern
dem Wirt einen guten
dem Herrn Bärenwirt,
der hat mich zu Euch

hintergangen, und
Aber der listige
einen schönen Dank
Lehre daraus
hätten. Denn Frieden

Johann Peter Hebel (1811): Das wohlfeile Mittagessen. In: Schatzkästlein des rheinischen Hausfreundes. Verlag Cotta: Tübingen. S. 40/41. *Rechtschreibung behutsam angepasst.*

Autor: Klaus Hoock – „Wörterflohmarkt" Lernspiele für Deutsch; Klasse 5–10

Blickspanne weiten

Klassenstufe	5–8
Kompetenzen	Lesetechnik verbessern durch mehr Textaufnahme bei der Textfixierung
Zeitbedarf	10 min
Material	Textblatt und Arbeitsblatt
Einbindung in den Unterricht	Lesen: Lesetechnik; Lyrik, Wortkomposition

Ziel des spielerischen Lesens ist es, möglichst viel Text pro Zeile „auf einen Blick" zu erfassen. Dabei soll der Blick jeweils auf der Mitte einer Zeile fixiert bleiben.

MATERIALBESCHREIBUNG

- Gedicht von Eduard Mörike: Das zentriert dargestellte Gedicht (im Original linksbündig realisiert) weist unterschiedlich lange Verse auf, sodass das Auge dahingehend geschult werden kann, je Zeile flexibel unterschiedlich viel Text zu erfassen und ins Lesen zu überführen, ohne dass der Fixpunkt innerhalb der Zeile gewechselt wird.
- Die sich verlängernden Wörter treiben dieses Prinzip immer weiter voran, sodass der Blick eine möglichst weite Spanne erreichen soll, ohne den Fixpunkt zu wechseln bzw. höchstens dann einmal zu wechseln, wenn die Komposita allzu lang werden.

VORBEREITUNG

Die Lehrkraft stellt die Texte bzw. das Arbeitsblatt (siehe die folgenden beiden Seiten) zur Verfügung.

ABLAUF

Die Materialien sind ähnlich wie beim Training des Blicksprungs zunächst und vorrangig für das persönliche Üben geeignet. Die spielerische Komponente liegt hier besonders beim Ausgestalten eigener Komposita (siehe „Mond": Pro Zeile wird immer wieder ein Wort angehängt, das zumindest mit dem unmittelbar vorhergehenden einen sinnvollen Zusammenhang bilden soll, also eine tatsächlich existierende Wortverbindung). Die vorgegebenen und entstehenden Wortpyramiden sind zum eigenen Lesetraining geeignet und können auch den Mitschülern vorgelegt werden. An der Stelle ist dann Partner- oder Gruppenarbeit möglich, ohne feste Abläufe bzw. ohne Gewinner oder Verlierer.

ALTERNATIVEN UND MÖGLICHKEITEN DER WEITERARBEIT

Eine Fortführung des Lesetechnik-Trainings kann auf vielfältige Weise erfolgen. Laut- und Vielleseverfahren erproben, Lesephasen unterscheiden, Lesegeschwindigkeit optimieren etc. Ausführlichere Hinweise: siehe z. B. Schmid-Stockenberg 2013 oder Rosebrock/Nix 2008.

KOPIERVORLAGE

Eduard Mörike: Die Geister am Mummelsee (1829)

Vom Berge was kommt dort um Mitternacht spät
Mit Fackeln so prächtig herunter?
Ob das wohl zum Tanze, zum Feste noch geht?
Mir klingen die Lieder so munter.
O nein!
So sage, was mag es wohl sein?

Das, was du da siehest, ist Totengeleit,
Und was du da hörest, sind Klagen.
Dem König, dem Zauberer, gilt es zu Leid,
Sie bringen ihn wieder getragen.
O weh!
So sind es die Geister vom See!

Sie schweben herunter ins Mummelseetal –
Sie haben den See schon betreten –
Sie rühren und netzen den Fuß nicht einmal –
Sie schwirren in leisen Gebeten –
O schau,
Am Sarge die glänzende Frau!

Jetzt öffnet der See das grünspiegelnde Tor;
Gib acht, nun tauchen sie nieder!
Es schwankt eine lebende Treppe hervor,
Und – drunten schon summen die Lieder.
Hörst du?
Sie singen ihn unten zur Ruh'.

Die Wasser, wie lieblich sie brennen und glühn!
Sie spielen in grünendem Feuer;
Es geisten die Nebel am Ufer dahin,
Zum Meere verzieht sich der Weiher –
Nur still!
Ob dort sich nichts rühren will?

Es zuckt in der Mitten – o Himmel! ach hilf!
Nun kommen sie wieder, sie kommen!
Es orgelt im Rohr, und es klirret im Schilf;
Nur hurtig, die Flucht nur genommen!
Davon!
Sie wittern, sie haschen mich schon!

Eduard Mörike (1848): Die Geister am Mummelsee. In: Badisches Sagen-Buch: Eine Sammlung der schönsten Sagen, Geschichten, Märchen und Legenden des badischen Landes aus Schrifturkunden, dem Munde des Volkes und der Dichter. Band 2. Hg. von August Schnezler. Creuzbauer und Kasper: Karlsruhe. S. 99 f.
Rechtschreibung behutsam angepasst. **Hinweis:** Im Original keine Zentrierung.

Autor: Klaus Hoock – „Wörterflohmarkt" Lernspiele für Deutsch; Klasse 5–10

KOPIERVORLAGE

Wetter
Wetterbericht
Wetterberichtstudio
Wetterberichtstudioeinrichtung
Wetterberichtstudioeinrichtungsgegenstand
Wetterberichtstudioeinrichtungsgegenstandsmeldung
Wetterberichtstudioeinrichtungsgegenstandsmeldungskasten
Wetterberichtstudioeinrichtungsgegenstandsmeldungskastenschrank
Wetterberichtstudioeinrichtungsgegenstandsmeldungskastenschranktür
Wetterberichtstudioeinrichtungsgegenstandsmeldungskastenschranktürgriff

Butter
Buttermilch
Buttermilchtüte
Buttermilchtütenverkauf
Buttermilchtütenverkaufsschrank
Buttermilchtütenverkaufsschrankwand
Buttermilchtütenverkaufsschrankwandregal
Buttermilchtütenverkaufsschrankwandregalbrett
Buttermilchtütenverkaufsschrankwandregalbrettbohrer
Buttermilchtütenverkaufsschrankwandregalbrettbohreraufsatz
Buttermilchtütenverkaufsschrankwandregalbrettbohreraufsatzheft
Buttermilchtütenverkaufsschrankwandregalbrettbohreraufsatzheftklammer
Buttermilchtütenverkaufsschrankwandregalbrettbohreraufsatzheftklammeräffchen

Mond

____

____

____

____

____

____

____

____

____

____

Autor: Klaus Hoock – „Wörterflohmarkt" Lernspiele für Deutsch; Klasse 5–10

Texte entflechten

Klassenstufe	7–8
Kompetenzen	sprachliche Merkmale verschiedener Textsorten erkennen
Zeitbedarf	30 min
Material	Textblatt
Einbindung in den Unterricht	Lyrik, Sachtexte, Textsortenbestimmung und -abgrenzung; Erarbeitung von Textsortenmerkmalen, Vorbereitung auf Vergleichstests (z. B. VERA 8)

Ziel des Entflechtens ist die Wiederherstellung eines Gedichts und eines Sachtextes, die hier (siehe Kopiervorlage auf den folgenden beiden Seiten) ineinandergeschrieben sind. Weiterführend wichtig ist die Entwicklung der Sensibilität für unterschiedliche Textsorten und deren spezifische sprachliche Merkmale.

MATERIALBESCHREIBUNG

1. Gedicht von Hermann Hesse: Im Nebel
2. Kurzer Sachtext zur Entstehung von Nebel

Die Texte sind in ihrer Vers- bzw. inhaltlichen Abfolge nicht umgestellt, sondern lediglich miteinander vermischt. Erfahrungsgemäß ist das Entflechten von Texten eine beliebte und recht gut lösbare Aufgabe. Spannend ist, dass durch die Kontrastierung der beiden Textsorten die poetische Gedichtsprache sehr augenfällig wird. Dagegen wirkt der kurze Sachtext tatsächlich sehr nüchtern und beschreibend.

VORBEREITUNG

Die Lehrkraft stellt das Textblatt zur Verfügung. Es sollte nicht von vornherein gesagt werden, dass hier zwei Texte vermischt sind. Die Irritation, die aus den entdeckten inhaltlichen und grammatischen Brüchen entsteht, ist ein idealer Motor für das Suchen nach der Lösung.

ABLAUF

1. Die Schüler entflechten die Texte in Einzelarbeit. Sinnvoll sind Unterstreichungen in zwei Farben für die beiden Texte.
2. Sie vergleichen anschließend ihre Aufteilung mit einem Partner und diskutieren ggf. ihre unterschiedlichen Varianten. Bei Bedarf werden weitere Schüler hinzugezogen.
3. Dann sollten die beiden Texte isoliert aufgeschrieben werden – mit passender Strophengliederung beim Gedicht bzw. „zufälligem" Zeilenwechsel beim Sachtext.

MÖGLICHKEITEN DER WEITERARBEIT

- Die Merkmale der beteiligten Textsorten werden vertiefend besprochen.
- Es findet eine inhaltliche Beschäftigung mit dem Gedicht (Stimmung, Aspekt Einsamkeit, sprachliche Mittel) statt.
- Die Schüler üben einen ausdrucksstarken Gedichtvortrag ein.

KOPIERVORLAGE

Name: ______________________ Datum: ______________

Texte entflechten

Ganz schön neblig hier ... Blickst du da durch?

Seltsam, im Nebel zu wandern!
Wie entsteht Nebel?
Einsam ist jeder Busch und Stein,
Kein Baum sieht den andern,
Wenn im Herbst die Nächte
länger und kälter werden, es am Tage
Jeder ist allein.
aber noch recht warm ist, entsteht Nebel.
Tagsüber verdunstet durch die wärmende
Voll von Freunden war mir die Welt,
Als noch mein Leben licht war;
Sonne das Wasser. Dieses befindet sich
jetzt als Wasserdampf in der Luft.
Nun, da der Nebel fällt,
Ist keiner mehr sichtbar.
In kalten Nächten kühlt sich dann die
Luft stark ab.
Wahrlich, keiner ist weise,
Das in ihr enthaltene Wasser
Der nicht das Dunkel kennt,
Das unentrinnbar und leise
Von allen ihn trennt.
wird wieder flüssig, sodass sich
kleinste Wassertropfen in der Luft bilden:
Seltsam, im Nebel zu wandern!
Leben ist Einsamsein.
Das ist Nebel.
Er hält sich in Bodennähe
Kein Mensch kennt den andern,
Jeder ist allein.
recht hartnäckig und
schafft eine besondere Atmosphäre.

Autor: Klaus Hoock – „Wörterflohmarkt" Lernspiele für Deutsch; Klasse 5–10

KOPIERVORLAGE

Texte entflechten
Lösung

Hermann Hesse: Im Nebel

Seltsam, im Nebel zu wandern!
Einsam ist jeder Busch und Stein,
Kein Baum sieht den andern,
Jeder ist allein.

Voll von Freunden war mir die Welt,
Als noch mein Leben licht war;
Nun, da der Nebel fällt,
Ist keiner mehr sichtbar.

Wahrlich, keiner ist weise,
Der nicht das Dunkel kennt,
Das unentrinnbar und leise
Von allen ihn trennt.

Seltsam, im Nebel zu wandern!
Leben ist Einsamsein.
Kein Mensch kennt den andern,
Jeder ist allein.

Hermann Hesse (1952): Gesammelte Dichtungen. Band 5. Suhrkamp Verlag: Frankfurt/Main. S. 517.

Klaus Hoock: kurzer Sachtext zum Thema „Nebel“
Wie entsteht Nebel? Wenn im Herbst die Nächte länger und kälter werden, es am Tage aber noch recht warm ist, entsteht Nebel. Tagsüber verdunstet durch die wärmende Sonne das Wasser. Dieses befindet sich jetzt als Wasserdampf in der Luft. In kalten Nächten kühlt sich dann die Luft stark ab. Das in ihr enthaltene Wasser wird wieder flüssig, sodass sich kleinste Wassertropfen in der Luft bilden: Das ist Nebel. Er hält sich in Bodennähe recht hartnäckig und schafft eine besondere Atmosphäre.

Autor: Klaus Hoock – „Wörterflohmarkt“ Lernspiele für Deutsch; Klasse 5–10

Stadt Land ... Film Roman

Klassenstufe	7–10
Kompetenzen	Reaktivierung und Erweiterung der Kenntnis von Film- und Romantiteln sowie Fachbegriffen
Zeitbedarf	15 min
Material	Tabelle zum Eintragen (können die Schüler selbst anlegen)
Einbindung in den Unterricht	Kontext Buch- und Filmvorstellungen, Wiederholungsphasen Grammatik

Ziel des Spiels ist es, durch schnelles Nachdenken und Notieren Titel von Filmen und Romanen sowie andere Begriffe, je nach Kategorisierung, zu sammeln und möglichst viele Punkte dafür zu bekommen.

MATERIALBESCHREIBUNG

Zu Grunde liegt das bekannte Spiel „Stadt Land Fluss", das hier variiert oder ergänzt wird durch andere Kategorien wie Roman, Film, Comicfigur.

VORBEREITUNG

Benötigt wird eine Tabelle, die entsprechend der Wahl der Kategorien rasch angelegt werden kann.

ABLAUF

Das Spiel eignet sich für Gruppen von etwa 5 Personen.

1. Ein Schüler geht im Kopf das Alphabet durch und nennt den Buchstaben, bei dem er gerade angekommen ist, wenn ein Mitschüler „Stopp" sagt.
2. Alle notieren passende Namen und Begriffe, die mit diesem Buchstaben beginnen, zeilenweise in die Tabelle.
3. Wer alles ausgefüllt hat, stoppt die Runde.
4. Nun wird ausgewertet: Die Eintragung der Punktzahl erfolgt in der letzten Spalte.
   - 10 Punkte für eine richtige Lösung
   - nur 5 Punkte, wenn jemand dieselbe Lösung hat
   - 20 Punkte, wenn sonst niemand eine Lösung in diesem Feld hat

Tipp: Der Artikel sollte bei Romanen bzw. Filmtiteln nicht akzeptiert werden.

VARIANTEN

- Eine Anpassung der Kategorien an die Bedürfnisse der jeweiligen Lerngruppe bzw. das Unterrichtsthema ist sinnvoll und öffnet das Spiel beispielsweise auch für Klasse 5/6 (Märchenfigur, Jugendbuchautor etc.).
- Spezifischere Kategorien in höheren Klassen sind beispielsweise: Dramenfigur, Krimiautor, Schauspieler, bekannter „Youtuber".

KOPIERVORLAGE

	Film	Roman	Schriftstellerin	Comicfigur	Begriff Grammatik	Punkte
A	Avatar	Amanda herzlos	Allende	Asterix	Adverb	
D	Dance Academy	(Der) Doppelgänger	Domin	Donald Duck	Dativ	

Autor: Klaus Hoock – „Wörterflohmarkt" Lernspiele für Deutsch; Klasse 5–10

Texte unter der Lupe

Klassenstufe	7–10
Kompetenzen	Identifizieren von Textsorten anhand kurzer Ausschnitte
Zeitbedarf	15 min
Material	Textstücke in runder Form
Einbindung in den Unterricht	Textsortenbestimmung und -abgrenzung, Textsortenmerkmale, Vorbereitung auf Vergleichstests (z. B. VERA 8)

Ziel des Spiels ist es, dass die Schüler auf der Grundlage eines begrenzten Einblicks in Texte diese einer Textsorte begründet zuordnen können.

MATERIALBESCHREIBUNG

Die Textauszüge sollen ein breites Spektrum an Textsorten abdecken, z. B.

- Lexikoneintrag,
- Jugendbuch,
- Theaterprogramm,
- Gedicht,
- Schauspiel,
- Fahrplan,
- Kommentar,
- Fabel,
- Bedienungsanleitung.

Das beigefügte Beispiel ist aus einem Kochrezept „geschnitten". Man kann solche Textbeispiele selbst herstellen, indem man eine runde Schablone bastelt, die beim Kopieren oder Scannen auf die Texte gelegt wird. Sinnvoll ist die Herstellung von (laminierten) Kärtchen zur Wiederverwendung.

VORBEREITUNG

Textstücke in runder Form (siehe Beispiel auf der folgenden Seite)

ABLAUF

Das Spiel kann am besten in Tischgruppen zu vier Personen gespielt werden.
Die Schüler decken nacheinander ein Kärtchen auf und versuchen jeweils anhand von Signalwörtern oder der Gesamtanordnung (beim Gedicht gut erkennbar), die Textsorte zu nennen. Die Mitschüler überprüfen die gegebene Einschätzung, sodass alle als Schiedsrichter fungieren. Der konkrete Text bzw. ein konkreter Autor muss natürlich nicht genannt werden, es genügt die Textsorte. Allerdings muss eine sinnvolle Begründung genannt werden, damit man das Kärtchen bis zur Auszählung am Ende behalten darf. Es ist sicher sinnvoll, mindestens 20 Kärtchen dieser Art vorzubereiten.

VARIANTEN

- Das Spiel kann auch im Plenum mit Textkreisen am Overheadprojektor oder am Smartboard durchgeführt werden.
- Das Suchen und Herstellen von Textbeispielen kann durch die Schüler selbst erfolgen.

Beispiel:

THAICURRY/ROT

mit Reis (am besten Basmati-Reis)

für 4 Personen

Kochzeit: ca. 30 Minuten

Arbeitsschritte und Zutaten:

- Fleisch (vorzugsweise Geflügel; Menge nach Wunsch, ca. 600 g) mit Schalotten oder Frühlingszwiebeln anbraten
- rote Currypaste (2 EL) hinzufügen
- Gemüse dazugeben: Maiskölbchen, Zuckerschoten, grüne Bohnen, Süßkartoffeln, Thai-Auberginen
- mit Kokosmilch (250 ml) vermischen
- mit Zitronengras oder Limettenblättern verfeinern
- eine ausgepresste Limette und etwas geriebene Limettenschale dazugeben
- mit einem Schuss Fischsauce (statt Salz), braunem Zucker (2 EL), frischem Koriander (zerkleinert) und Thai-Basilikum (ganze Blätter) würzen
- Reis parallel dazu kochen (laut Anweisungen auf der Packung)

Die Zutaten sind in jedem gut sortierten Asia-Shop erhältlich.

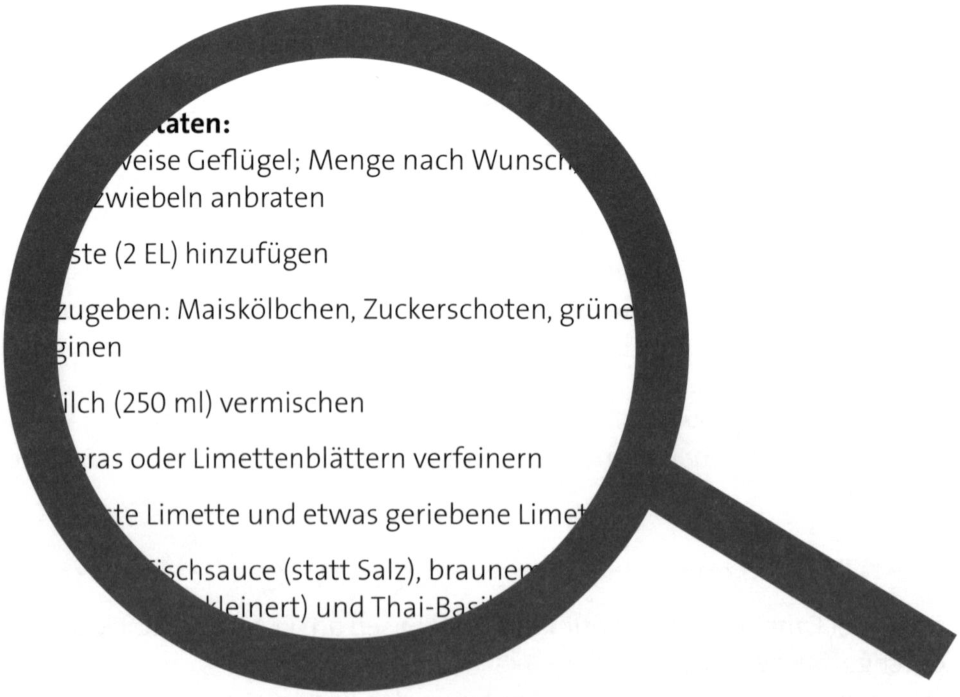

Der große Medienpreis

Klassenstufe	8–10
Kompetenzen	unterschiedliche Medien voneinander abgrenzen können bzw. Spezifika unterschiedlicher Medien kennen oder herleiten können
Zeitbedarf	30 min
Material	–
Einbindung in den Unterricht	Medienkunde, Umgang mit dem Internet, Textsorten der Zeitung, Presse in Deutschland

Ziel des Spiels ist es, möglichst viele Quizpunkte zu sammeln und am Ende zu gewinnen. Dazu müssen Fragen zu unterschiedlichen Medienbereichen richtig beantwortet werden.

MATERIALBESCHREIBUNG

Die folgende Übersicht erinnert an die Quizsendung „Der große Preis“ aus den 80er Jahren und ist entsprechend aufgebaut. Es gibt fünf Wissensbereiche zur Wahl. Für tendenziell schwierigere Fragen werden auch mehr Punkte vergeben.

Internet	Hörspiel	Sachbuch	Zeitung	Zeitschrift
20	20	20	20	20
40	40	40	40	40
60	60	60	60	60
80	80	80	80	80
100	100	100	100	100

VORBEREITUNG

Die Spielübersicht muss an die Tafel geschrieben oder sichtbar projiziert werden.

ABLAUF

Es werden drei Gruppen gebildet, die jeweils einen Sprecher wählen, der nach kurzer Rücksprache die verbindliche Antwort gibt.

1. Abwechselnd dürfen die Gruppen eine Frage auswählen (z. B. Hörspiel 40) und nach einer Minute Beratungszeit beantworten. Die 40 Punkte können hinzugewonnen, aber auch abgezogen werden.
2. Beim RISIKO-Feld, das man auf der Übersicht nicht sieht, kann ein beliebiger Punktwert aus dem bisher erreichten Punktevolumen gesetzt werden. Dieser Wert kann ebenfalls gewonnen und verloren werden.
3. Bei falscher Antwort wird weitergegeben an die Gruppe, die sich zuerst meldet, ebenfalls mit der Option für Zugewinn und Abzug.

Eventuell könnte tatsächlich ein „Preis“ ausgesetzt werden, um dem Namen des Spiels gerecht zu werden.

VARIANTEN

Die Durchführung kann auch in kleineren Einheiten erfolgen: Einzelpersonen, Paare oder kleine Teams, die gegeneinander spielen: In diesem Fall kann der Faktor „Reaktionszeit“ integriert werden, was im Plenum schwierig umsetzbar ist. Wer sich zuerst meldet, erhält den Antwortzuschlag, unabhängig davon, wer die Frage ausgewählt hat.

KOPIERVORLAGE

	Internet	
20	Was bedeutet die Abkürzung „www“?	world wide web
40	RISIKO – Die Erfindung des Internets wird von seiner Bedeutung her gerne mit der Erfindung des Buchdrucks verglichen. Wie lässt sich das begründen?	Möglichkeit der Textweitergabe bzw. der Kommunikation deutlich verändert und ausgeweitet
60	Die Nutzung des Internets verändert die Sprache. Woran lässt sich das festmachen? Nenne zwei Aspekte.	Fachwortschatz des Internets kommt hinzu, Stärkung des Englischen, Sprachveränderung (Vereinfachung, Verkürzung, Bildsprache, Emoticons) durch Chat und Mail etc.
80	Nenne zwei Suchmaschinen (außer google).	Baidu, Bing, Ask, Yahoo, AOL etc.
100	Nenne drei mögliche Schwierigkeiten (nicht technischer Art), die bei der Nutzung des Internets auftreten können.	Datenmissbrauch eingegebener Daten, Zugriff auf den eigenen Rechner von außen, Verletzung von Bild- und Textrechten beim Herunterladen, ungesicherte Qualität bzw. Korrektheit gefundener Informationen, Informationsflut und deren Sortierung etc.

	Hörspiel	
20	Durch welches Medium wurde das Hörspiel in den 1920er Jahren bekannt?	Radio
40	Was unterscheidet ein Hörspiel von einem Hörbuch?	Hörbuch tendenziell reine Lesung; Hörspiel ist dramatisiert, (Dialoge/Sprecherrollen, Geräusche, Musik)
60	Auf welchen beiden „frühen“ Tonträgern wurden Hörspiele veröffentlicht bzw. verkauft?	Musikkassette (MC), Schallplatte
80	Nenne drei Berufe, die beim Produzieren eines Hörspiels (meistens) beteiligt sind.	Autor, Regisseur (oder Dramaturg), Sprecher (Schauspieler), Tontechniker, Komponist, Musiker, Sounddesigner, Geräuschemacher
100	RISIKO – In Deutschland erlebte das Hörspiel zwischen 1945 und 1960 besonders große Beliebtheit. Pro Jahr wurden ca. 500 Hörspiele produziert. Wie ist das zu erklären?	Kinos und Theater noch vom Krieg zerstört

Autor: Klaus Hoock – „Wörterflohmarkt“ Lernspiele für Deutsch; Klasse 5–10

KOPIERVORLAGE

	Sachbuch	
20	Wie nennt man Sachbücher, in denen man etwas gezielt nachschlagen kann?	Lexikon, Enzyklopädie
40	In einem Sachbuch zu welchem Thema findet man Informationen über die „Einstellung der Blende“?	Sachbuch zur Fotografie
60	RISIKO – Wie nennt man ein Sachbuch über die Lebensgeschichte eines Menschen und wie nennt man es, wenn es von der betreffenden Person selbst geschrieben wurde?	Biografie, Autobiografie
80	Nenne drei Sachbuchtitel oder Sachbuchreihen für Kinder und Jugendliche.	z. B. „Frag doch mal ... die Maus“, „Was ist was“, „Was ist was Junior“, „Was Jungs wissen wollen“, „Was Mädchen wissen wollen“
100	Was ist ein Almanach?	periodische, meist einmal im Jahr erscheinende Schrift zu einem thematisch abgegrenzten Fachgebiet

	Zeitung	
20	RISIKO – Nenne drei Berufe, die mit einer Zeitung verbunden sind.	Reporter, Fotograf, Redakteur, Drucker, Austräger etc.
40	Welche ist die größte deutsche Wochenzeitung?	DIE ZEIT
60	Nenne vier Rubriken, die man in einer Zeitung meistens finden kann.	Politik, Kultur (Feuilleton), Sport, Wirtschaft, Lokales, Anzeigen etc.
80	Welche Textsorten in einer Zeitung bringen sehr deutlich eine Meinung zum Ausdruck? Nenne zwei.	Leserbrief, Kommentar, Rezension, Glosse
100	In welcher großen „Medienstadt“ befindet sich das deutsche Pressemuseum?	Hamburg

	Zeitschrift	
20	Nenne eine bekannte deutsche Frauenzeitschrift?	Brigitte, Freundin, Für Sie, Barbara, Emma
40	Welches sind die beiden wesentlichen Unterschiede der Zeitschrift zur Zeitung – formal betrachtet?	geheftet oder gebunden, Farbdruck
60	Nenne zwei andere Begriffe für „Zeitschrift“.	Journal (historisch), Magazin, Illustrierte
80	RISIKO – Wie viele Zeitschriften wurden laut dem Verband Deutscher Zeitschriftenverleger (VDZ) in Deutschland 2016 etwa herausgegeben? 160, 660 oder 1600?	1600
100	Was ist eine Zielgruppenzeitschrift? Nenne zwei Beispiele (Titel).	bedient spezifische Interessen, z. B. ADAC-Motorwelt, Bravo, Schöner Wohnen, Tierfreund

Autor: Klaus Hoock – „Wörterflohmarkt“ Lernspiele für Deutsch; Klasse 5–10

Spiel 29–35

Methoden und Arbeitstechniken

Die Spiele in diesem letzten Kapitel ergänzen das Angebot der vorangehenden Kompetenzbereiche. Folgende methodische Schwerpunkte kommen zum Tragen:

Genaues Lesen und **Isolieren von Wörtern** bestimmen das Spiel „Buchstabenklotz spalten", das zudem das erste Spiel in diesem Arbeitsheft („Wortschlangen bändigen") weiterführt.

Die „Vorsilben-Staffel" trainiert das **Zerlegen** bzw. **Zusammenbauen** von Wörtern, thematisiert also Aspekte der Wortbildung.

Ergänzend dazu bringt die „Wort-OP im Eck" besonders die **Isolierung des Wortstamms** ins Spiel.

Die „Deklinations-Spirale" zielt als ausführlicheres Brettspiel auf die Kasus-Fragen ab, die man im Kopf durchspielt, wenn man die Substantive entsprechend den Vorgaben auf den Feldern **flektiert.**

Hinter dem „Wörtersorti(er)ment" steckt ein **Alphabet-Training,** das auch beim „rasanten Nachschlagen" hilft, also der **Nutzung von Nachschlagewerken** und der **Klärung von Fremdwörtern.**

Für den „Stilmittelsalat" werden als Zutaten **rhetorische Figuren** benötigt, die aus sprachlichen Beispielen wiederholend **abgeleitet** und in einer weiteren Übung dann **aktiv verwendet** werden sollen.

Buchstabenklotz spalten

Klassenstufe	5–7
Kompetenzen	Buchstabenmenge strukturieren und zu einem sinntragenden Text umschreiben
Zeitbedarf	20 min
Material	„Buchstabenklotz" zum Bearbeiten
Einbindung in den Unterricht	genaues Lesen, Rechtschreibung (groß/klein, zusammen/getrennt, Satzzeichen)

Ziel des Spiels ist es, ein auf den ersten Blick schwer zugängliches Buchstabengebilde zu einem lesbaren und richtig geschriebenen Text umzugestalten.

MATERIALBESCHREIBUNG

Je nach gewünschtem Schwierigkeitsgrad können (mehr) Satzgefüge oder auch Anteile wörtlicher Rede eingebaut werden, sodass die Ebenen des Textes erst bei sehr genauem Lesen und hoher Konzentration erkennbar sind.
Kopiervorlage (siehe folgende Seite): Text 1 (leicht), Text 2 (mittel), Text 3 (komplex, anspruchsvoll)

VORBEREITUNG

Die „Buchstabenklötze" lassen sich recht einfach aus vorhandenen Texten herstellen (Weglassen von Leerstellen, Satzzeichen etc.).

ABLAUF

1. Im ersten Schritt versuchen die Schüler, den „Textblock" spontan laut zu lesen, entweder in Gruppen oder im Plenum.
2. Im zweiten Schritt schreibt jeder den Text in der richtigen Form selbst auf. Dabei muss auf die Wortgrenzen, Groß- und Kleinschreibung, Zusammen- und Getrenntschreibung sowie die Satzzeichen geachtet werden.

VARIANTE

Als Erleichterung für leistungsschwächere Schüler oder Lerngruppen können die Satzzeichen stehenbleiben.

KOPIERVORLAGE

Buchstabenklötze

Aufgabe: Übertrage die Texte in „normale“, korrekte Schreibung.

Text 1

BESTIMMTKENNSTDUDIESCHLÜMPFESIELEBENINSCHLUMPFHAUSEN
DASISTEINKLEINESDORFESLIEGTMITTENIMWALDDORTFINDENDIE
SCHLÜMPFEALLESWASSIEBRAUCHENESGEHTIHNENGUTUNTEREIN
ANDERSTREITENSIESICHSELTENABERMANCHMALBEKOMMENSIE
UNANGENEHMENBESUCHDERHEXENMEISTERGARGAMELMEINTES
NICHTGUTMITDENSCHLÜMPFEN

Text 2

ESLEBTEEINMALEINEALTEKÖNIGINDERWARIHRGEMAHLSCHON
LANGEJAHREGESTORBENUNDSIEHATTEEINESCHÖNETOCHTERWIE
DIEERWUCHSWURDESIEWEITÜBERFELDANEINENKÖNIGSSOHNVERS
PROCHENALSNUNDIEZEITKAMWOSIEVERMÄHLTWERDENSOLLTE
UNDNUNDASKINDINDASFREMDEREICHABREISENMUSSTEPACKTE
IHRDIEALTEGARVIELKÖSTLICHESGERÄTUNDGESCHMEIDEEINGOLD
UNDSILBERBECHERUNDKLEINODEKURZALLESWASNURZUEINEM
KÖNIGLICHENBRAUTSCHATZGEHÖRTEDENNSIEHATTEIHRKINDVON
HERZENLIEBAUCHGABSIEIHREINEKAMMERJUNGFERBEIWELCHEMIT
REITENUNDDIEBRAUTINDIEHÄNDEDESBRÄUTIGAMSÜBERLIEFERN
SOLLTEUNDJEDEBEKAMEINPFERDZURREISEABERDASPFERDDER
KÖNIGSTOCHTERHIESSFALADAUNDKONNTESPRECHEN

Text 3

UNDWIRKLICHEINENAUGENBLICKALSEINESCHWARZEWOLKEN
SCHICHTESPECHFINSTERUMMICHMACHTEUNDGLEICHZEITIGDIE
HEULENDENBÖENMICHSAMTMEINERSTUTEVOMDEICHHERABZU
DRÄNGENSUCHTENFUHRESMIRWOHLDURCHDENKOPFSEIKEIN
NARRKEHRUMUNDSETZDICHZUDEINENFREUNDENINSWARMENEST
DANNABERFIELSMIREINDERWEGZURÜCKWARWOHLNOCHLÄNGER
ALSDERNACHMEINEMREISEZIELUNDSOTRABTEICHWEITERDEN
KRAGENMEINESMANTELSUMDIEOHRENZIEHEND

Autor: Klaus Hoock – „Wörterflohmarkt“ Lernspiele für Deutsch, Klasse 5–10

KOPIERVORLAGE

Buchstabenklötze: Lösungen

Text 1

Bestimmt kennst du die Schlümpfe. Sie leben in Schlumpfhausen. Das ist ein kleines Dorf. Es liegt mitten im Wald. Dort finden die Schlümpfe alles, was sie brauchen. Es geht ihnen gut. Untereinander streiten sie sich selten. Aber manchmal bekommen sie unangenehmen Besuch. Der Hexenmeister Gargamel meint es nicht gut mit den Schlümpfen.

Klaus Hoock

Text 2

Es lebte einmal eine alte Königin, der war ihr Gemahl schon lange Jahre gestorben, und sie hatte eine schöne Tochter. Wie die erwuchs, wurde sie weit über Feld an einen Königssohn versprochen. Als nun die Zeit kam, wo sie vermählt werden sollte und nun das Kind in das fremde Reich abreisen mußte, packte ihr die Alte gar viel köstliches Gerät und Geschmeide ein, Gold und Silber, Becher und Kleinode, kurz alles, was nur zu einem königlichen Brautschatz gehörte, denn sie hatte ihr Kind von Herzen lieb. Auch gab sie ihr eine Kammerjungfer bei, welche mitreiten und die Braut in die Hände des Bräutigams überliefern sollte. Und jede bekam ein Pferd zur Reise, aber das Pferd der Königstochter hieß Falada und konnte sprechen.

Brüder Grimm (1857): Die Gänsemagd. In: Kinder und Hausmärchen. Band 2. 7. Auflage (Ausgabe letzter Hand). Verlag Dieterich: Göttingen. S. 13. Rechtschreibung nicht angepasst.

Text 3

Und wirklich, einen Augenblick, als eine schwarze Wolkenschicht es pechfinster um mich machte und gleichzeitig die heulenden Böen mich samt meiner Stute vom Deich herabzudrängen suchten, fuhr es mir wohl durch den Kopf. „Sei kein Narr! Kehr um und setz dich zu deinen Freunden ins warme Nest." Dann aber fiel's mir ein, der Weg zurück war wohl noch länger als der nach meinem Reiseziel; und so trabte ich weiter, den Kragen meines Mantels um die Ohren ziehend.

Theodor Storm (1888): Der Schimmelreiter. Verlag Gebrüder Paetel: Berlin. S. 4. *Rechtschreibung nicht angepasst.*

Autor: Klaus Hoock – „Wörterflohmarkt" Lernspiele für Deutsch; Klasse 5–10

Vorsilben-Staffel

Klassenstufe	5–7
Kompetenzen	aus Präfixen (Vorsilben) Wörter bilden
Zeitbedarf	10 min
Material	–
Einbindung in den Unterricht	Grammatik und Wortbildung, Bedeutungsveränderungen

Ziel des Spiels ist es, aus vorgegebenen Vorsilben in kurzer Zeit möglichst viele Wörter zu bilden und aufzuschreiben.

MATERIALBESCHREIBUNG

Die ausgewählten Vorsilben lassen unterschiedlichste Wortkombinationen zu.

VORBEREITUNG

Man benötigt eine Tafel oder ein Whiteboard mit zwei Flächen zum Anschreiben. Auf jeder Seite wird eine andere Vorsilbe notiert, zu der jeweils zehn Wörter gefunden werden müssen.

ABLAUF

Die Klasse wird in zwei Gruppen aufgeteilt, die gegeneinander spielen.

1. In Form eines Staffellaufs mit Kreideübergabe bzw. Übergabe des Whiteboard-Markers schreiben aus jeder Gruppe zehn verschiedene Schüler jeweils ein Wort an, das zu der gesetzten Vorsilbe passt. Es macht Sinn, jeder Gruppe eine eigene Vorsilbe zu geben.
   Beispiel: Ab-stand, Ab-gabe, Ab-schied, Ab-guss etc.
   Je nach Absprache dürfen auch Verben und Adjektive notiert werden, wenn sie nicht den gleichen Wortstamm aufweisen wie ein Substantiv, das bereits gewählt wurde.
2. Die Gruppe, die zuerst zehn Wörter aufgeschrieben hat, gewinnt.
   Der Lehrer bzw. die Klasse kontrolliert zwischendurch, ob alles stimmt. Zur Korrektur muss ein Schüler eigens nach vorn kommen – während des Staffellaufs. Falsch wäre beispielsweise „aber“ (hier ist „ab“ keine Vorsilbe).

Mögliche Vorsilben (Auswahl)

Ab	An	Auf	Aus	Be	Bei	De	Ein	Ent	Ex	Ge	Her	Hin	In	Mit
Nach	Ober	Per	Pro	Re	Über	Um	Un	Unter	Ur	Ver	Voll	Vor	Zer	Zu

VARIANTE

Auch der „umgekehrte Weg“ ist möglich: Vorgabe eines Begriffs, der durch verschiedene Vorsilben variiert wird.
Beispiel: „kommen“: an-kommen, ver-kommen (Lebensmittel werden schlecht, jemand „lässt sich gehen“), weg-kommen (verlieren)

MÖGLICHKEITEN DER WEITERARBEIT

- Eine Beschäftigung mit den Bedeutungsvarianten ist besonders hilfreich für Schüler mit Migrationshintergrund.
- Die Ausweitung auf Suffixe (Nachsilben) ist ebenfalls möglich.

Wort-OP im Eck

Klassenstufe	5–7
Kompetenzen	Wortbausteine erkennen; den Wortstamm identifizieren
Zeitbedarf	5–10 min
Material	—
Einbindung in den Unterricht	vorwiegend Grammatik und Wortbildung: Wortstamm als Möglichkeit der Ableitung von lexikalischem Verstehen und im Hinblick auf Formenbildung

Ziel des Spiels ist die Reduktion von Begriffen auf den in ihnen enthaltenen Wortstamm, der quasi „herausoperiert" – also chirurgisch freigelegt – wird, um ein Bewusstsein dafür zu schaffen, was ein Wort bedeutet, bzw. um die Erfahrung zu ermöglichen, dass die Isolierung des Stammes ein leichtes Verfahren ist, um an den Bedeutungskern eines Wortes heranzukommen.

MATERIALBESCHREIBUNG

Der Lehrer benötigt eine Liste von Begriffen, die er „ins Spiel bringen" kann.

VORBEREITUNG

Vier Schüler stellen sich in die vier Ecken des Klassenzimmers.

ABLAUF

Die Spielidee ist bekannt aus dem Mathematikunterricht (Kopfrechnen). Wer zuerst eine Rechenaufgabe gelöst hat, darf im Uhrzeigersinn zur nächsten Ecke weitergehen. Dieses Prinzip lässt sich übertragen: Wer zuerst den Wortstamm nennt, zieht eine Ecke weiter. Es gewinnt, wer zuerst wieder in seiner Ausgangsecke angekommen ist.
Hinweis: Der Wortstamm ist immer der kürzest mögliche lexikalische Grundbaustein eines Wortes, also der „Kern", ohne Präfix oder Suffix und ohne Flexionsendung.
Beispiel: verfahren → ver-fahr-en → Wortstamm: fahr
Der **Wortstamm** bleibt immer gleich oder zumindest ähnlich: **Fahr**-er, **fahr**-en, ge-**fähr**-lich.

MÖGLICHKEITEN DER WEITERARBEIT

Die Arbeit mit dem Wortstamm hat einen hohen Stellenwert im Unterricht. Die grammatische Dimension ist offensichtlich: Bei der Bildung des Präteritums der starken Verben ändert sich der sog. „Stammvokal" (sehen → sah). Bei der Bildung der Personalformen des Verbs werden die entsprechenden Personalendungen an den Verbstamm angehängt: ich komm-e, du komm-st, er komm-t, wir komm-en, ihr komm-t, sie komm-en.
Aber auch die inhaltliche Erschließung von Begriffen über den Wortstamm führt zu verblüffenden und gleichzeitig augenscheinlichen Erkenntnissen. So steckt beispielsweise in der Epochenbezeichnung „Aufklärung" der Wortstamm „klar" – ein wichtiger Hinweis auf das Ideal dieser Zeit: Klarheit und Erkenntnis durch Gebrauch des Verstandes.
Übungsform für den Unterricht: Visualisierung des Wortstamms durch einen Baumstamm; Eintragung von Varianten (siehe Kopiervorlage auf der folgenden Seite). Hierbei sind auch Wortzusammensetzungen erlaubt (z. B. Sehstärke).

KOPIERVORLAGE

Autor: Klaus Hoock – „Wörterflohmarkt“ Lernspiele für Deutsch; Klasse 5–10 – Illustration: Antje Kahl

Deklinations-Spirale

Klassenstufe	5–7
Kompetenzen	Substantive korrekt deklinieren
Zeitbedarf	20 min
Material	Würfel, Spielfigur für jeden Schüler
Einbindung in den Unterricht	Grammatik: Substantiv, Kasus

Ziel des Spiels ist es, die Deklination des Substantivs zu trainieren und so als Erster im Inneren des Spielfelds anzukommen.

MATERIALBESCHREIBUNG

Das Spiel fordert auf jedem Feld die Deklination eines Substantivs im Nominativ (N), Genitiv (G), Dativ (D) oder Akkusativ (A), entweder im Singular (SG) oder im Plural (PL).

VORBEREITUNG

Das Spielfeld (siehe Kopiervorlage auf der folgenden Seite) sollte auf DIN A3 kopiert werden. Für jeden Spieler wird eine Spielfigur zum Vorrücken gebraucht, zudem ein Würfel.

ABLAUF

Das Spiel ist für etwa vier Spieler geeignet, die gegeneinander spielen.

1. Der jüngste Spieler beginnt, dann geht es im Uhrzeigersinn weiter. Entsprechend der Augenzahl wird vorgerückt.
2. Auf dem jeweiligen Feld muss ein Substantiv dekliniert werden. Dieses wird vom vorangehenden Spieler (also der, der rechts neben einem sitzt) spontan ausgedacht. **Beispiel:** Kind + Bezugsfeld D/PL = den Kindern
3. Die erste gegebene Antwort zählt. Bei falscher Lösung geht man auf das Feld zurück, von dem aus man zuletzt vorgerückt war.
4. Trifft man auf ein Feld, auf dem schon jemand sitzt, wird dieser ein Feld zurückgesetzt. Sitzt dort auch schon jemand, noch ein weiteres Feld.
5. Wer zuerst am Ziel ankommt, gewinnt. Dafür ist die passende Augenzahl erforderlich.

Wichtig: Alle Mitspieler denken mit und kontrollieren die Ergebnisse.

VARIANTE

Erweiterung durch passende Adjektive (zusätzlich zum Substantiv)

KOPIERVORLAGE

Autor: Klaus Hoock – „Wörterflohmarkt" Lernspiele für Deutsch; Klasse 5–10 – Illustration: Antje Kahl

Wörtersorti(er)ment

Klassenstufe	6–8
Kompetenzen	Sicherheit im Umgang mit dem Alphabet gewinnen
Zeitbedarf	20 min
Material	Arbeitsblatt
Einbindung in den Unterricht	Nutzung des Wörterbuchs

Ziel des Spiels ist das konzentrierte Sortieren der Wörter einer Spalte am Stück. Dabei muss das Alphabet immer wieder im Kopf durchgegangen werden.

MATERIALBESCHREIBUNG

1. Einfache Variante (Arbeitsblatt links): Es handelt sich nur um Substantive, die nach ihrem ersten Buchstaben sortiert werden müssen. Jeder Buchstabe des Alphabets ist einmal vertreten.
2. Schwierigere Variante (Arbeitsblatt rechts): Es müssen mehr Wörter sortiert werden, die zudem auch noch verschiedene Wortarten repräsentieren. Darüber hinaus müssen die auf den Anfangsbuchstaben folgenden Buchstaben zum Ordnen herangezogen werden.

VORBEREITUNG

Die Arbeitsblätter (siehe Kopiervorlage auf der folgenden Seite) müssen vorbereitet und vervielfältigt werden. Auch Schüler könnten selbst solche Zusammenstellungen erarbeiten.

ABLAUF

Es ist zwar ein Wettbewerb im Hinblick auf Schnelligkeit denkbar, aber es macht mehr Sinn, wenn jeder Schüler in seinem Tempo (jedoch kontinuierlich) vorgeht. Schließlich kommt es vorwiegend darauf an, dass gründlich gesucht und kein Wort vergessen wird. Ein etwaiger „schneller Sieger" sollte also auch eine vollständige und korrekte Reihung vorweisen können.

MÖGLICHKEITEN DER WEITERARBEIT

- Unbekannte Begriffe aus der Liste werden nachgeschlagen und die Bedeutung wird herausgeschrieben.
- Weitere Begriffe, die wahrscheinlich den meisten Schülern nicht bekannt sind, die sie aber schon gehört haben können, werden nachgeschlagen und die jeweilige Bedeutung wird notiert. Das Trainieren der Nutzung des Wörterbuchs in der Schule erleichtert auch das alltägliche Benutzen zuhause.

LÖSUNGEN ZUR KOPIERVORLAGE

Arbeitsblatt links: Antenne, Bushaltestelle, China, Dunkelheit, Eselsmilch, Fagott, Gemeinheit, Herr, Insel, Joghurt, Kalender, Lavendel, Mohn, Nüsse, Onkel, Pinselstrich, Quitte, Rundweg, Stallgeruch, Tintenfleck, Uruguay, Vogelnest, Wurstpelle, Xanten, Ypsilon, Zumutung
Arbeitsblatt rechts: zapfen, Zapfsäule, zartbitter, Zeh, zehn, Zeichen, Zeichenblock, zerlegen, zerrissen, Zerrissenheit, Zeus, Ziege, Zirkeltraining, Zorn, Zucker, Zuckerbäcker, Zufluss, zuflüstern, zusammenklappen, zusammenlegen, Zusatz, Zuschlag, zuschlagen, zuunterst, Zwangsläufigkeit, zwanzig, Zwanzigeuroschein, Zweck, zweckgebunden, zwölf

KOPIERVORLAGE

Name: ______________________ Datum: ______________

Aufgabe: Bitte ordne die Wörter alphabetisch. Streiche jeweils in der linken Spalte das Wort durch, wenn du es in die rechte Spalte überträgst.

willkürliche Reihenfolge	alphabetische Reihenfolge	willkürliche Reihenfolge	alphabetische Reihenfolge
Fagott		zusammenlegen	
Herr		zusammenklappen	
Joghurt		Zorn	
Pinselstrich		Zerrissenheit	
Wurstpelle		zerrissen	
Zumutung		Zucker	
Antenne		Zuckerbäcker	
Insel		zerlegen	
Quitte		Zufluss	
Gemeinheit		zuflüstern	
Stallgeruch		Zwanzigeuroschein	
Ypsilon		Zuschlag	
Bushaltestelle		zuschlagen	
Xanten		Zirkeltraining	
Lavendel		zwanzig	
Vogelnest		Zusatz	
China		Zwangsläufigkeit	
Nüsse		Zweck	
Dunkelheit		zweckgebunden	
Uruguay		zuunterst	
Eselsmilch		Zeichen	
Kalender		Zeichenblock	
Mohn		zartbitter	
Onkel		zapfen	
Rundweg		Zapfsäule	
Tintenfleck		zehn	
		Zeh	
		zwölf	
		Zeus	
		Ziege	

Autor: Klaus Hoock – „Wörterflohmarkt" Lernspiele für Deutsch, Klasse 5–10

Rasantes Nachschlagen

Klassenstufe	6–8
Kompetenzen	Nachschlagewerke zur Klärung von Fachbegriffen und Fremdwörtern nutzen
Zeitbedarf	10 min
Material	–
Einbindung in den Unterricht	Arbeit mit Nachschlagewerken unterschiedlicher Ausrichtung, Klärung unbekannter Begriffe, Fremdwörter

Mittelfristiges Ziel des Spiels ist der selbstverständliche und geschickte Umgang mit Nachschlagewerken, auch im Alltag zuhause. Das Suchtraining soll die Nutzung von Wörterbüchern und anderen Lexika erleichtern.

MATERIALBESCHREIBUNG

Vorgegebene Wörter, die nicht oder wenig bekannt sind, sollen in einem Rechtschreibwörterbuch nachgeschlagen werden. Dort findet sich meist auch eine „Übersetzung" oder Bedeutungszuschreibung.

VORBEREITUNG

Der Lehrer schreibt zehn Wörter an die Tafel oder teilt ein Arbeitsblatt mit zehn Wörtern aus.

ABLAUF

Die Schüler schlagen die angegebenen Wörter nach und notieren die Begriffserklärung, die sie finden, in Kurzform neben das gesuchte Wort. Das hat einen doppelten Sinn: Das Wort ist tatsächlich gefunden (Beweis) und die Bedeutung ist geklärt. Das Verfahren führt dazu, dass man Gesuchtes immer schneller findet und dadurch auch zuhause leichter zum Wörterbuch greift.
Der Spielcharakter ist durch den Wettbewerb gegeben: Wer ist am schnellsten?
Die Auswahl passender Wörter kann an die Jahrgangsstufe oder eben auch thematisch angepasst werden.

10 Wörter zum Nachschlagen:
- Biathlon: Kombination aus Skilanglauf und Scheibenschießen
- Hitchcock: britisch-amerikanischer Filmregisseur
- Nektar: zuckerhaltige Blütenabsonderung
- Präexistenz: Existieren in einem früheren Leben
- Statik: Lehre von den Kräften im Gleichgewicht
- überführen: an einen anderen Ort bringen
- Zivilist: Bürger, Nichtsoldat
- blanko: leer
- Aufmacher: wirkungsvoller Titel, eingängige Schlagzeile
- Antiseptikum: keimtötendes Mittel

VARIANTE

Eine interessante und nützliche Spezialisierung für die Klassenstufe 9/10 stellt die Beschäftigung mit Facharztbezeichnungen dar (siehe Kopiervorlage auf der folgenden Seite).

KOPIERVORLAGE

Name: ______________________ Datum: ______________

Aufgabe: Welche Fachärzte verbergen sich hinter diesen Schildern? Schlage gegebenenfalls nach und gib den Ärzten als Lösung einen „sprechenden Namen" wie im Beispiel.

Dr. Paul Schönmann Dr. Kosi Metik Fachärzte für Ästhetische Chirurgie Termine nach Vereinbarung

Anästhesistin	Dermatologe
Fachpraxis Endokrinologie	Gynäkologie Gemeinschaftspraxis
Orthopädie und Sportmedizin Durchgangsarzt	Praxis für Psychiatrie und Neurologie
Urologie und Tropenmedizin	Radiologische Gemeinschaftspraxis
Internistische Praxis Fachgebiet Phlebologie	Zahnheilkunde mit Master in Endodontologie

Autor: Klaus Hoock – „Wörterflohmarkt" Lernspiele für Deutsch; Klasse 5–10

Stilmittelsalat

Klassenstufe	9–10
Kompetenzen	in sprachlichen Wendungen rhetorische Figuren erkennen und benennen, Redestrategien gezielt einsetzen
Zeitbedarf	10 min
Material	Arbeitsblatt
Einbindung in den Unterricht	Lyrik, Redeanalyse, Werbesprache

Ziel des Spiels ist es, bereits eingeführte rhetorische Figuren in sprachlichen Äußerungen wiederzuerkennen und mit den passenden Fachbegriffen zu benennen.

MATERIALBESCHREIBUNG

Die Fachbegriffe können in vorgegebene Felder eingetragen werden.

Differenzierung im Schwierigkeitsgrad:
Salatschüssel 1
Anzahl der Buchstaben ist vorgegeben, ansonsten keine Eintragung (siehe Kopiervorlage A)

Salatschüssel 2
leichter zu lösen; zwei Buchstaben sind jeweils eingetragen (siehe Kopiervorlage B)

VORBEREITUNG

Die Stilmittel müssen bereits eingeführt worden sein.

ABLAUF

Die Schüler lösen individuell oder als Team das Rätsel.

MÖGLICHKEITEN DER WEITERARBEIT

- Die Kenntnis der Stilmittel allein nützt natürlich wenig. Es ist wichtig, sie im Kontext unterschiedlicher sprachlicher Zusammenhänge zu thematisieren und in ihrer jeweiligen Funktion zu betrachten, sei es in ihrer poetischen Wirkung (Gedichte) oder einer spezifischen, adressatenbezogenen, auch manipulativen Zielsetzung (Werbeslogans, politische Rede).
- Die im Rätsel aufgegriffenen rhetorischen Figuren sollen aktiv verwendet werden, auch im Zusammenhang mit emotional besetzten Erfahrungen (siehe Kopiervorlage C).

KOPIERVORLAGE A

Name: ______________________ Datum: ______________

Sprachliche Wendungen

1. Erheitert läuft er durch die Gasse, sorglos schwelgt er in der Masse.
2. Das Haus steht wie eine Eins.
3. Preisanpassung (statt Preiserhöhung)
4. Die Natur weint.
5. Da fliegt sie hinweg und berauscht von der Luft und der Wärme hält sie nicht mehr an.
6. Sie hat Eimer voll Tränen geweint.
7. Lausige Leute lauern lustlos.
8. salziger Honig
9. weißer Schnee
10. Mauer des Schweigens
11. Das ist ja ganz toll gelaufen! (... wenn man unzufrieden ist)
12. siebenarmiger Leuchter (steht für das Judentum)

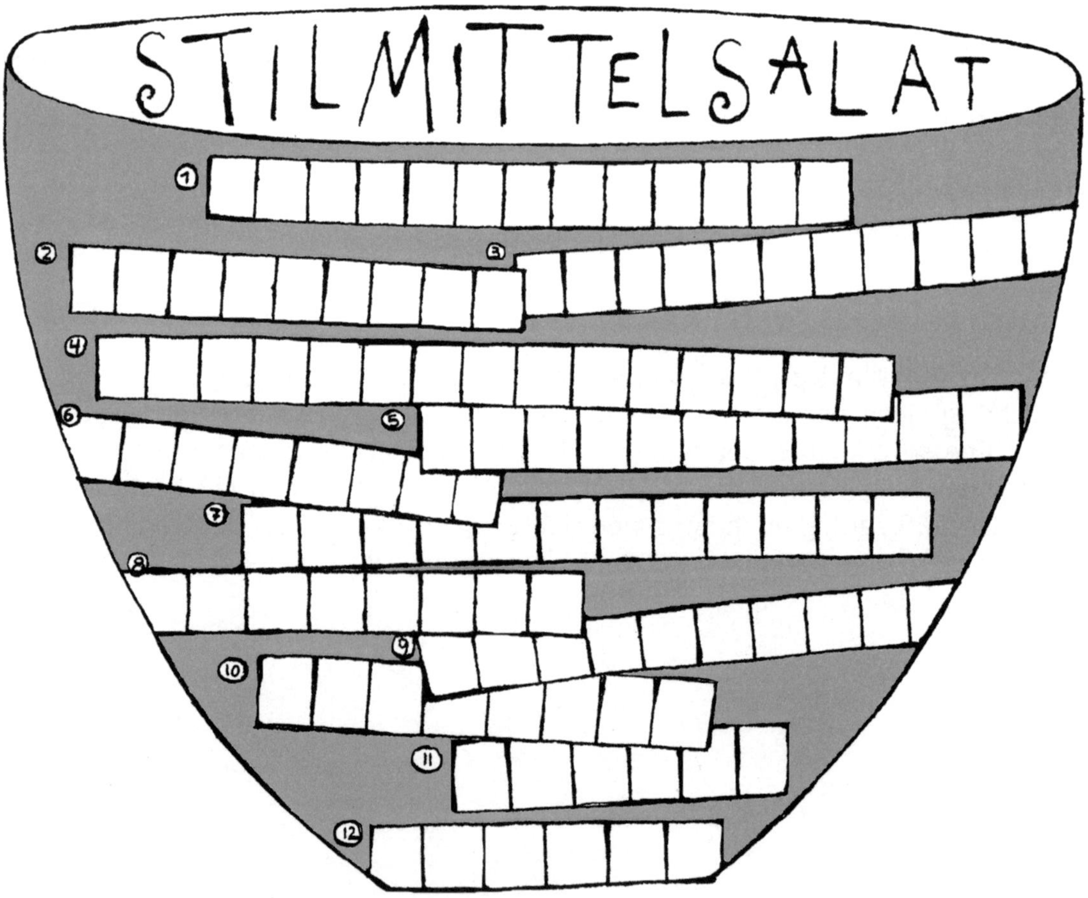

Autor: Klaus Hoock – „Wörterflohmarkt" Lernspiele für Deutsch: Klasse 5–10 – Illustration: Antje Kahl

KOPIERVORLAGE B

Name: ______________________ Datum: ______________

Lösungen

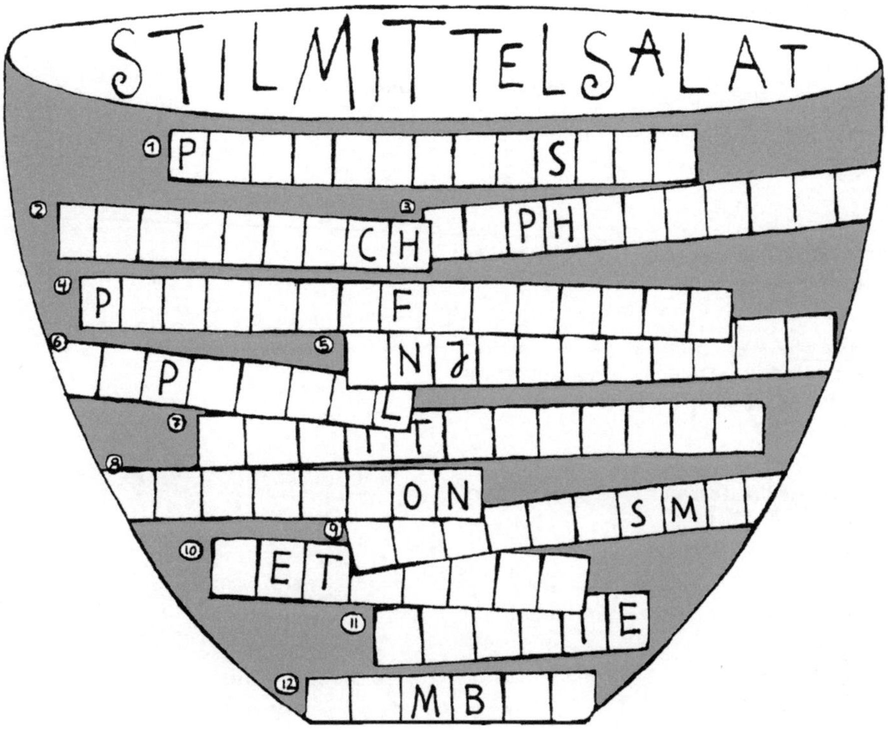

Autor: Klaus Hoock – „Wörterflohmarkt" Lernspiele für Deutsch; Klasse 5–10 – Illustration: Antje Kahl

KOPIERVORLAGE C

Name: ______________________ Datum: ______________

Aufgabe: Verwende rhetorische Figuren, um bestimmte Zustände oder Gefühlslagen besonders deutlich zum Ausdruck zu bringen.

Situation	Stilmittel	deine Formulierung
Du ärgerst dich über ein Problem, das nicht gelöst wird.	Parallelismus	
Bringe zum Ausdruck, wie viel dir eine bestimmte Reise bedeutet.	Vergleich	
Beschönige eine Handlung von dir, die du selbst kritisch siehst.	Euphemismus	
Mache deutlich, wie du starken Verkehrslärm wahrnimmst.	Personifikation	
Schreibe zwei Gedichtverse über eine dynamische Idee.	Enjambement	
Übertreibe bei der Darstellung deines letzten Zahnarztbesuchs.	Hyperbel	
Was verbindest du mit dem Thema Sport?	Alliteration	
Formuliere ein zwiespältiges Gefühl. Was bedeuten dir bspw. Sonntage?	Oxymoron	
Eine intensive Erfahrung in der Natur ...	Pleonasmus	
Drücke bildhaft aus, wie sehr dir etwas Spaß macht.	Metapher	
Verschaffe deiner Abneigung gegen einen nervigen Prominenten sprachlich Luft.	Ironie	
Was ist dir ganz besonders wichtig?	Symbol	

Autor: Klaus Hoock – „Wörterflohmarkt“ Lernspiele für Deutsch; Klasse 5–10

LITERATUR

- Brüder Grimm (1857): Die Gänsemagd. In: Kinder und Hausmärchen. Band 2. 7. Auflage (Ausgabe letzter Hand). Verlag Dieterich: Göttingen. S. 13.
- Defoe, Daniel (1869): Leben und Abenteuer des Robinson Crusoe. Aus dem Englischen übertragen von Karl Altmüller. Verlag des Bibliographischen Instituts: Hildburghausen. S. 9/10.
- Dudenredaktion (2013) (Hrsg): Wortfriedhof. Wörter, die uns fehlen werden. Dudenverlag: Berlin.
- Hebel, Johann Peter (1811): Das Mittagessen im Hof. In: Schatzkästlein des rheinischen Hausfreundes. Verlag Cotta: Tübingen. S. 57/58.
- Hebel, Johann Peter (1811): Das wohlfeile Mittagessen. In: Schatzkästlein des rheinischen Hausfreundes. Verlag Cotta: Tübingen. S. 40/41.
- Hesse, Hermann (1952): Gesammelte Dichtungen. Band 5. Suhrkamp Verlag: Frankfurt/Main. S. 517.
- Hoock, Klaus (2014): 99 Tipps für Deutsch. Cornelsen Schulverlage GmbH: Berlin.
- Kinast, Nicolai (2014): Muckefuck & Sendeschluss. Wörter außer Betrieb. Langenscheidt Verlag: München.
- Mörike, Eduard (1848): Die Geister am Mummelsee. In: Badisches Sagen-Buch: Eine Sammlung der schönsten Sagen, Geschichten, Märchen und Legenden des badischen Landes aus Schrifturkunden, dem Munde des Volkes und der Dichter. Band 2. Hg. von August Schnezler. Creuzbauer und Kasper: Karlsruhe. S. 99 f.
- Kultusministerkonferenz (2004) (Hrsg.): Bildungsstandards im Fach Deutsch für den Mittleren Schulabschluss. Wolters Kluwer Deutschland GmbH: München.
- Rosebrock, Cornelia / Nix, Daniel (2008): Grundlagen der Lesedidaktik und der systematischen schulischen Leseförderung. Schneider Verlag: Hohengehren.
- Schmid-Stockenberg, Monika (2013): Lesefähigkeit trainieren. Pädagogisches Landesinstitut Rheinland-Pfalz – Selbstdruck: Speyer.
- Simrock, Karl (1996): Die deutschen Sprichwörter. Reclam Verlag: Stuttgart.
- Storm, Theodor (1888): Der Schimmelreiter. Verlag Gebrüder Paetel: Berlin. S. 4.
- Wieprecht, Volker / Skuppin, Robert (2009): Das Lexikon der verschwundenen Dinge. Rowohlt Verlag: Berlin.

INTERNETADRESSEN

- www.retropedia.de